新学習指導要領に応える理科教育

理科教育研究会 著

東洋館出版社

はじめに

"Change!" を呼びかけ米国大統領選挙を勝ち抜いたのはオバマ新大統領です。新大統領は、100年に一度といわれる経済危機、中東をはじめとする紛争、環境など様々な問題に直面し、どう局面を変化させるかが問われています。日本は、安倍政権下での教育基本法改定後、2008年には小・中学校学習指導要領が改訂され、教育界は大きな変化の時期に直面しています。その変化の中で、理科教育は一段と強化される方向性が示されました。例えば、高校理科の新学習指導要領は1年前倒しの平成22年度から実施されることが文科省より示されましたし、その中には「科学と人間生活」や「理科課題研究」の科目が新設されるなど、より斬新な案が示されました。最下のところ理科教育に追い風となる施策がいろいろ出されているところです。この機を捉えて、私達は、従来の萎縮傾向にあった理科教育の流れを変化させ、より発展的成果が実現できる理科教育を提案しなければなりません。これは、理科の指導項目や授業時間数を増やすだけの変化を意味するのではありません。理科教育本来の目的に立ち戻り、どんな科学的能力・資質や心をもった子どもを未来社会に送り出せばよいのかについて、根本からとらえ直さなけらばならないのです。「学力低下が進行しているので未来に多くが期待できない」などと傍観者的に煽るだけではだめなのです。教育実践に結びつく理科教育理論の構築と、学習指導法の方途を示し、教育成果がアウトプットできる理科授業の実践に貢献できる教育論を提供しなくてはならない時期にあるのです。オバマ新大統領は、昨年11月の大統領選挙の勝利演説の後半で、"Yes we can." を8回も繰り返して述べ、実行性に向けた決意を示しました。我々も、学習指導要領改訂を機に、実行性のある理科教育を導かなくてはならないのです。

このような趣旨から、著名な理科教育専門家のご同意を得て、理科教育

の基礎から実践までをカバーした内容について、わかりやすくかつ斬新な内容をも取り入れて執筆して頂きました。理科教育研究会名での出版は今回で3回目です。過去2回の出版は重版したにもかかわらず3年以内にいずれも品切れになるほどの好評を得てきました。今回の出版も、将来教師を目指す学生、あるいは現役の教師や教育関係者の皆様方に有用な情報を提供できるものと確信しています。大学のテキスト、あるいは教育実践の道標にご活用頂けますならば幸甚の極みです。

　最後に、この出版にあたり、貴重で有用な内容をご提案賜りました執筆者各位には、厚くお礼を申し上げます。一方、東洋館出版社編集部長の永井信氏には出版に向けご尽力賜りました。また、同編集部の北場かつら氏の献身的なご協力があってはじめて出版が実現した次第です。ご両人に厚くお礼を申し上げます。

平成21年1月吉日 編集者

第1部　新学習指導要領の特色とその背景

第1章　新学習指導要領により理科はどのように改善され、どのような方向性をもつのか
 1. はじめに ——————————————————————— 012
 2. 基礎的・基本的な知識・技能の習得 ——————————— 012
 3. 思考力・判断力・表現力等の育成 ———————————— 017
 4. 学習意欲の継続 ——————————————————— 020
 5. 知識基盤社会の意味することと質の高い授業 ——————— 021

第2章　学習指導要領の変遷と理科教育
 1. 序言 ———————————————————————— 024
 2. 「生活改善・合理化の理科」時代の理科教育 − 昭和20年代 − — 024
 3. 「系統理科」の時代 − 昭和30年代 − ——————————— 027
 4. 「探究の理科」の時代 − 昭和40年代 − —————————— 029
 5. ゆとりと環境配慮の理科 − 昭和50年代 − ————————— 031
 6. 生活科の登場と理科の縮小 − 平成の時代へ − ——————— 033
 7. 総合的学習創設・選択制重視の時代の理科 − 平成10年代 − — 034
 8. 平成20年代への展望 − 結語にかえて − —————————— 036

第3章　戦後から平成までの教育改革
 1. 社会情勢の変化と教育改革 ——————————————— 042
 2. 戦後復興期の理科教育 ————————————————— 044
  2.1 戦後から平成前までの教育改革 ——————————— 044
  2.2 日本の経済成長期とそれを支える理科教育 ——————— 046
 3. 臨時教育審議会による戦後教育の見直し —————————— 050
 4. 様々な理科教育振興政策 ———————————————— 053
  4.1 内閣府主導の科学技術政策 —————————————— 053
  4.2 理科大好きプランと理科教育振興活動 ————————— 053

第2部　今時の子どもの実体と子どもの学び

第4章　子どもは自然や科学をどうとらえているのか

1. 自然に対する子どもの考え(本音)を知ることの意義 —— 062
   1.1 自然の事象に対する子どもの考え(本音) —— 062
   1.2 今、なぜ子どもの考えが問題になるのか —— 063
2. 自然に対する子どもの考えの事例とその特徴 —— 066
   2.1 子どもの考えの具体的事例 —— 066
   2.2 子どもの考えの諸特徴 —— 067
3. 科学に対する子どもの眼差し —— 069
   3.1 科学者に対する子どもたちのイメージ —— 069
   3.2 科学にまつわるミス−コンセプション —— 069
   3.3 smcが子どもたちに及ぼす影響−科学の本質を伝えよう− —— 070

第5章　各種調査から見た日本の子どもたち

1. IEA(国際教育到達度評価学会)TIMSSの結果から —— 074
   1.1 児童生徒の理数への意識 —— 074
   1.2 日ごろの理科の学習態度 —— 075
   1.3 理科の学習と日常の事象とのかかわり —— 076
   1.4 科学的な根拠に基づいて理由を述べること —— 077
   1.5 自然の総合的な見方・考え方に関する課題 —— 078
2. PISA調査の結果から —— 080
   2.1 温室効果の問題から —— 081
3. 国際調査の結果を基にした今後の学習へのコメント —— 084
   3.1 観察結果における科学的表現力を高めること —— 084
   3.2 日ごろの教育実践で科学的リテラシーを高める場を用意すること —— 084

第6章　新学習指導要領下で求められる理科を学ぶ力とは
 1. 子どもの学びの原風景－自然に触れる、感じる、気づく－ ──── 088
  1.1 子どもの生活世界と学びの姿 ──── 088
  1.2 生活世界における子どもの学びの特徴 ──── 089
 2. 生活世界での気づきを理科の学びに高める ──── 091
  2.1 学校における理科学習に求められてきたこと ──── 091
  2.2 新学習指導要領が求める理科を学ぶ力とは ──── 093
 3. 子ども個人の学ぶ力を支える教室文化の醸成 ──── 096

第3部　これから大切にしたい理科の学習指導

第7章　実生活と結びつく学習の構成法
 1. 理科はなんのために学ぶのか ──── 102
  1.1 実生活と理科学習とのつながり ──── 102
  1.2 今、求められている科学的リテラシーとは ──── 103
  1.3 理科の学習において重要なことは ──── 104
 2. 実生活と関連した理科授業の実際 ──── 105
  2.1 学習の導入や事象提示の場面で、生活との関連をはかる ──── 105
  2.2 日常にあるものの中から、学習素材を選んで取り入れる ──── 105
  2.3 理科で得た知識や法則を生活の中から見つけ出す ──── 106
  2.4 理科で学んだことを他の教科や学校行事で活用する ──── 107
 3. 実践例「無人島で発電しよう」(6年生 全14時間) ──── 107
  3.1 実験の課題 ──── 108
  3.2 子どもたちの学びの姿 ──── 109
  3.3 問題解決学習を通して実感を伴った力が育つ ──── 110
 4. まとめ ──── 111

第8章　観察・実験の授業への位置づけ方

1. 授業展開と観察・実験の役割 ―――――――――――――――― 114
2. 観察・実験を授業に位置づける際に留意すること ―――――― 115
   2.1 目的意識について ――――――――――――――――――― 115
   2.2 興味・関心について ――――――――――――――――― 116
   2.3 帰納法と演繹法の特徴をふまえて ―――――――――― 116
3. 帰納法への観察・実験の位置づけ方 ―――――――――――― 117
   3.1 事例の紹介 ―――――――――――――――――――――― 117
   3.2 観察・実験の効果を高めるために ―――――――――― 118
4. 演繹法への観察・実験の位置づけ方 ―――――――――――― 120
   4.1 事例の紹介 ―――――――――――――――――――――― 120
   4.2 観察・実験の効果を高めるために ―――――――――― 121
5. おわりに ――――――――――――――――――――――――― 122

第9章　探究活動の仕組み方

1. 問題の所在 ――――――――――――――――――――――― 124
2. 探究能力を育成する「仮説の演繹型の授業形態」 ――――― 125
3. 探究の出発点としての仮説設定 ―――――――――――――― 126
4. 児童・生徒の経験や知識をもとに仮説を立てさせる手立て ― 128
5. 「振り子の実験」の事例 ――――――――――――――――― 129
6. プレゼンテーション ――――――――――――――――――― 131
7. おわりに ――――――――――――――――――――――――― 132

第10章　実験を取り入れた授業づくりの視点

1. 論理的に考えさせる ―――――――――――――――――――― 136
   1.1 ミカンが浮く ―――――――――――――――――――― 136
   1.2 ガリレオの温度計 ――――――――――――――――― 137
   1.3 酸の正体を考える ――――――――――――――――― 140

2. 実験方法を工夫する ──────────────── 142
　2.1 液体の密度 ──────────────── 142
　2.2 湯と水の温度 ──────────────── 144
3. 当たり前を疑う ──────────────── 145
　3.1 水の加熱と水上置換 ──────────── 146
　3.2 水の加熱と生成 ──────────────── 147
4. 身の回りのものを科学する ──────────── 148

第11章 体験活動を通して生物好きにする手立て

1. 観察、スケッチ
(小学校3年「植物の育ち方」中学校2分野上「身近な生物の観察」) ──── 153

2. グラフの利用
(小学校4年「生き物を調べよう」中学校2分野上「植物のからだのつくりとはたらき」)
──────────────────────────── 155

3. 実験計画をたてる
(小学校6年「からだのつくりとはたらき」中学校2分野上「生命を維持するはたらき」)
──────────────────────────── 157

4. シミュレーション
(小学校5年「人のたんじょう」中学校2分野下「生物のふえ方」) ──── 159

5. 学習指導案 ──────────────────── 162

第4部　理科授業の構成法と評価

第12章 授業をどう構成するか

1. 授業とは ──────────────────── 168
2. 授業構成の意味的4要素 ──────────── 168
3. 授業の設計と指導案 ──────────────── 171
　3.1 単元について(単元設定の理由) ──────── 171

3.2 単元目標 ———————————————————— 173
　　3.3 評価計画 ———————————————————— 174
　　3.4 指導計画 ———————————————————— 174
　　3.5 単元の構造（単元展開の構造）————————————— 175
　　3.6 本時案 ————————————————————— 175
　4. 授業構成のポイント ——————————————————— 176
　　4.1 問題解決を体験すること ————————————————— 176
　　4.2 未知の発見は「物にしゃべらせる」 ——————————— 176
　　4.3 先行経験の把握 ————————————————————— 177
　　4.4 自分の問題解決を確かめる実験計画 ——————————— 177
　　4.5 問題解決体験用のワークシート ————————————— 178

第13章 学習評価をどうするか

　1. 評価の心理的影響と教育的機能 ——————————————— 180
　2. 児童・生徒の学習動機と効果的な指導と評価 ———————— 181
　3. 対象に応じた手法の選定 ————————————————— 184
　4. オーセンティックアセスメントの潮流 ——————————— 186
　5. 米国NSTAの新しい評価 —————————————————— 188
　6. 学習評価をどうするか ——————————————————— 189

第 1 部

新学習指導要領の特色とその背景

第 **1** 章

新学習指導要領により理科はどのように改善され、どのような方向性をもつのか

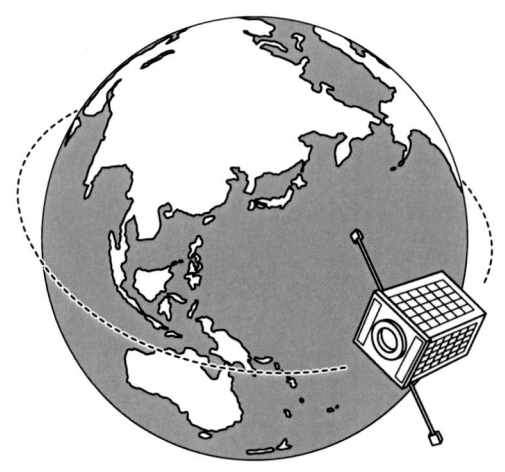

新しい学習指導要領が告示されました。
これで日本の未来はかわるでしょうか？
ぜひ前進したいものです。

では新しい学習指導要領はどうなっているのでしょう？

1. はじめに

　今回の学習指導要領改訂の第一の特徴は、教育基本法等の改正を踏まえたものであることです。これを受けて新たに義務教育の目標が規定され、学習指導要領における各学年段階の目的・目標規定が改正されたことは大きな意味をもっているといえます。これらの一連の改正のなかで直接理科教育と関連する内容として、生命や自然を尊重する態度、国際社会の平和と発展に寄与する態度が示されました。そして、体験活動の充実、環境教育などを重視し、理科の教育内容を改善する必要が示されたことにより、歴史的な転換期を迎えたことになります。

　さらに「生きる力」を推進することが確認され、学力の重要な要素は、①基礎的・基本的な知識・技能の習得、②知識・技能を活用して課題を解決するために必要な思考力・判断力・表現力等、③学習意欲、であることが明言されました。このことは、言語能力を重視しながら、体験的かつ科学的な活動を、児童生徒の日常生活と深く関連づけることを示します。また、感性・情緒と連動させつつ、学習意欲の継続をはかった実験・観察を工夫し、そこから出てくる科学的な証拠をもとに考察させます。特に考察の中により高度な思考や、活用したり判断したりする内容が包含されることが望まれるのです。

2. 基礎的・基本的な知識・技能の習得

　今回の改訂において、改正教育基本法（第5条第2項）が義務教育の目的のひとつとして「社会において自立的に生きる基礎を培う」ことを規定したことや理数教育を中心に教育課程の国際的な通用性が一層問われている状況を踏まえ、系統性に留意しながら、主として、基礎的・基本的な知識・技能の習得に関連して示されています。この基礎的・基本的な知識・技能とは、日常生活のなかで科学的な知識を諳んじていることで役に立つ知識は確実にあるわけですが、それだけでなく、むしろより大切なことは、日常生活の中

から児童生徒自ら、驚きや興味や関心を伴った問題を見出し、それらの疑問に対して、果敢に問題解決や課題解決を行ったり、科学的な探究活動を遂行したりする能力が包含され、重要視されていることです。視点として2つ挙げられます。

❶社会の変化や科学技術の進展等に伴い、社会的な自立等の観点から子どもたちに指導することが必要な知識・技能

この項目について、新学習指導要領を見る限り、社会の変化と科学技術の進展が密接に関係する時代に突入し、現在の子どもたちが直面する様々な問題や課題のために、科学技術が役に立つだけでなく、日常生活における問題解決や科学的探究による結果の分析・解釈により、科学的な証拠に基づいた論理的な思考ができるようになることが重要であるという立場が特に中学校学習指導要領解説理科編の中ではっきり出ています。そして、将来において社会的判断を行わなければならない状況が生まれ意思決定するときに、理科で学んだ科学的論理性が欠くべからざる要素であるといえます。

❷確実な習得を図る上で、学校や学年間等であえて反復（スパイラル）することが効果的な知識・技能等

「エネルギー」についてですが、新学習指導要領では物理領域のビックアイデアとしてまず位置づけがなされています。小学校から高等学校まで、エネルギーに関するさまざまな物理系の内容を系統性に注意しながら関連づけて学ぶことになります。他の3つの重要な概念もそうですが、これまでばらばらであった物理的現象が実は電気に関する学習も、力学的な学習も、音も光もさまざまな形態の「エネルギー」が物理的な事物の変化の結果として、人間の五感を通して認識されるのです。アメリカの全米科学スタンダードやすべてのアメリカ人のための科学の中では、「変化」という科学用語がビッグアイディアになっており、「エネルギー」概念は科学全体にかかわる重要な考えとして何度も登場し、繰り返し説明が展開されています。変化には必ず、エネルギーのインプットとアウトプットがあり、基本的に「エネルギー」の出入りが等しいという大きな原理の理解が大切であるとされています。

粒子概念は化学的領域の重要な科学的概念として示されています。これをすべてのアメリカ人のための科学や全米科学教育スタンダードで確認すると、「モデル」というビックアイデアと対応させることができます。特に化学領域において、モデル化して解釈することが重要視されてきました。自然現象を科学的な証拠に基づいて、解釈可能なモデルとして説明でき、未知なる科学現象も説明可能になったとき、そのモデルの価値は増大し、より包括的で一般化されるモデルほど価値が高いとされます。特に、化学領域では、実験や観察においてその変化の中身が、人間の視覚などの感覚をはるかに超えたミクロ世界の変化を起こしています。実験室では粒子レベルの変化を拡大してみることは不可能な場合が多いのですが、見えないけれど小さな粒子があって、さまざまな変化をしていると考えることは可能であり、すなわちモデル化を行うことによって、科学的現象の理解を促進できるといえます。

　生命概念は小学校から高等学校まで段階的系統的に学びながら、身近な生命の科学的な事物・現象を学び、生命の巧みさや精巧さを学ぶとともに、すべての生命現象が相互に関係し、地球システムの中で継続的に進化したり退化したりしていることを学び、人間の生命のみならずあらゆる生命を大切にする科学的な態度を育む必要があります。全米科学教育スタンダードやすべてのアメリカ人のための科学には生命概念に直接的につながるビックアイディアとして「システム」「恒常性」「進化」などのあらゆる科学技術に共通する概念の理解を系統的に学ぶことが示されています。今回の新学習指導要領では小学校においても中学校においても、生命現象について年間を通して継続的な観察や実験を行いながら、問題や課題を解決しながら科学的探究学習がなされることが重要視されています。特に中学校では多様性や共通性の理解、生態学的な多様性の重要性の理解や、生物学的な進化概念の理解やDNAが重要な働きをおこなっていることの理解が求められています。

　地球概念は基本的には地球のシステムの理解を目指しているといえます。日本では、システムという言葉はシステム工学のように、いくつかの学問領域の中心概念として登場しています。全米科学教育スタンダードやすべての

アメリカ人のための科学ではシステムという科学概念があらゆる科学技術にとって大切な概念であるとしています。地球のシステムには大気のシステム（気体システム）、岩石のシステム（固体システム）、水のシステム（液体システム）があり、これと人間や生命のシステムもサブシステムとして認識され、これらが相互に関係しているという考え方がなされています。日本においても地球について、システムという言葉こそ出ていませんが、長い時間と空間の中での相互関係やつながりについて思考を進めることが示されています。

　新学習指導要領では「生きる力」の育成を継承して、理科における基礎的・基本的な科学概念を獲得しつつ、例えば中学校理科の新学習指導要領では、1分野・2分野としての中目標が示されました。授業数の増加だけではなく、理科学習の質的な向上を意図しているといえます。

　ここで注目されることは、生徒が教師と共に主体的に学習に関わるというところです。このことは、大目標である「事物・現象に進んで関わり」というところが具体的に反映されたものであり、毎回の理科の時間が繋がり生徒にとっても教師にとっても意欲的に学習が展開する工夫と努力がなされる必要があります。次に「科学的に探究する活動」については、学習指導要領解説理科編において、小学校理科では「問題解決」学習に重点が置かれ、中学校では「科学的に探究」する学習に重点が置かれ、「科学」や「工学」の基礎的な学習へより踏み込んだといえます。「科学的に探究する活動」を通して、生徒自身が疑問をもち、自ら進んで探究することにより思考力を高め、科学や工学の本質を理解することが求められます。特に科学的な探究活動のなかで、科学的に分析する能力や集められ分析された結果について科学的解釈をすることに重点が置かれています。また、将来の仕事として「科学者」や「工学者」を意識した授業展開が求められています。また、生物領域において、重要とされる「多様性」概念が「規則性」概念と共に重要視されたということがポイントです。

　時間数の増大に対応して、例えば2分野の目標(2)に関連して、「種子をつくらない植物の仲間」、「無脊椎動物の仲間」、「遺伝の規則性と遺伝子（DNAを含む）」が新しく追加して学ぶことになります。ここで、大切なこ

とは、内容が増えたという認識だけでは不十分であり、現在教えている内容であっても、これまでより科学的探究が実現されることが望まれます。そして、大切な科学概念である「進化」を学ぶ必要があります。特に、地学分野の古生物学的な生物の変遷と生物分野の進化が連動して学習がなされる必要が明確に示されました。

例えば、2分野の中目標（3）に関連して、新しく「日本の天気の特徴」、「大気の動きと海洋の影響」、「月の運動と見え方（日食、月食を含む）」、「惑星と恒星（銀河系を含む）」の学習が加えられました。ここでのポイントは、身近な地学的な事物・現象の観察を実際に実施することです。本物に触れ、科学的な探究を行うことです。また、「気象とその変化」においても、年間を通した観測を行い、それらのデータに基づいて、分析や解釈が統合的、総合的に行われることが望まれます。

1分野と2分野共通で学習の集大成として、自然界の「つり合い」や「かかわり」（システム）を学び、人間システムも含めた様々な要因が自然界のつり合いに影響していることを学ぶことは重要です。また、人間の活動もまた自然環境に多大な影響を与えるという認識をもつことは、地球規模の気候変動に対する課題解決のために大切な認識です。さらに、科学的な思考力や判断力が育成され、自然と人間が調和した持続可能な社会をつくっていくための意思決定ができる学習状況を作ることには高度な指導力が求められますが、次世代の日本のために情熱をもって進める必要があります。

今回の新学習指導要領を精査するとわかりますが、理科の時間数が増大するから、その分の内容が単純に増えているのではなく、小学校と中学校の学習内容の適切な相互関係が明らかにされて、作成されている点が大切です。すなわち、「エネルギー」・「粒子」・「生命」・「地球」概念という4つの科学の基本的な見方や概念を柱として再構築されているのです。これらの科学概念は「全てのアメリカ人のための科学」の中では、あらゆる科学や工学・数学に共通する重要な概念として位置づけられており、日本においても今後どのように授業の中で展開していくかを練り上げる必要があるといえます。

3. 思考力・判断力・表現力等の育成

　知識・技能の活用など思考力・判断力・表現力等を育むためには、例えば、以下のような学習活動が重要であると考えられます。このような活動を理科においても行うことが、思考力・判断力・表現力等の育成にとって不可欠であると示されました。中央教育審議会では、思考力・判断力・表現力等という内容において、理科に関連して以下の6点が示されました。これらが学習指導要領でどのように埋め込まれているかについて、分析を試みてみます。

　・（科学的）体験から感じ取ったことを表現する。
　・（科学的）事実を正確に理解し伝達する。
　・概念・法則などを解釈し理解し、説明したり活用したりする。
　・情報を分析・評価し、論述する。
　・課題について、構想を立て実践し評価・改善する。
　・互いの考えを伝え合い、自らの考えや集団の考えを発展させる。

❶ **（科学的）体験から感じ取ったことを表現する（1番目）**

　1番目の科学的な体験は現行の学習指導要領でも重要視されており、新学習指導要領でもさらに重要視されました。このことは、小学校においては、大目標のなかに「・・・実感を伴った理解を図り・・・」という文言が追加され、中学校の大目標では「自然の事物・現象に進んでかかわり・・・」という文言に改定されたことから、新学習指導要領では、科学的な体験や経験が学習指導要領全体にわたって埋め込まれています。このことがどのように日本の小学校・中学校における理科の授業に影響を及ぼすかについて述べる必要があります。

　今回の学習指導要領の改訂はマイナー改定だと見る識者も多いですが、その一方で大きな進歩があるという見方もできます。この大目標の表現がこのように変化したことは、理科の授業がより具体的な生徒の問題解決的な学習や科学的な探究学習が成立できるように工夫される必要があることを示しています。これまでも、問題解決学習や科学的な探究学習は行われてきました

が、多くの場合教師によって仕組まれた実験観察になっていることが多かったといえます。そのため、生徒は具体的な問題意識の形成に時間がかかったり、消化不良のまま学習が展開したりすることも多かったといえます。児童生徒が消化不良になる主たる原因には様々ありますが、自然界の事物・現象に日常的に関わり、五感を最大限に活用して変化に疑問を抱き、疑問を解き明かす手法を学びながら、児童生徒の主体的な問題の解決や、科学的な探究を通して結果を求め、結果について解釈を深めつつ、ともに学ぶ児童生徒と議論を深めたり、教師や様々なリソースに当たり理解を深めたり、次の疑問を発生させたりすることで、理科学習が継続するための工夫が必要です。このとき、児童生徒の情意面において、PISA等で示されている科学的態度が重要視されることになります。AAASでは、"Habits of Mind"という言葉で示されています。概訳ではありますが、「習慣としての科学心（科学的思考の習慣）」となるでしょう。この中には、自然界の美しさに感動する心や科学的な証拠を重んじる態度や科学的でない説明に疑問を抱いたりする態度等も含まれます。

　今回の改訂で生徒にとってより主体的な学習が成立するための工夫が求められることになります。その工夫により児童生徒にとっての主体的な理科学習が成立し、その学習が継続して遂行されることによる科学的証拠の積み重ねが問われることになります。その結果として目標に準拠した評価の重要性がクローズアップされることになります。そのための努力を教員養成大学の理科教育関係者も、各都道府県市町村の理科の指導主事も、さらにあらゆる理科に関係する人々も新学習指導要領の趣旨を理解しより質の高い理科学習が保障され、継続されるためのアクション研究がなされることが望まれています。

❷2番目から5番目の内容について

　理科において思考力・判断力・表現力等を育成するためには、児童生徒自らが問題解決学習や科学的探究学習に主体的に浸る経験が必要です。その意味で2番目から5番目は科学的な方法を自ら主体的に科学的探究に浸ること

で、少しずつ身についていくといえます。2番目の科学的事実を正確に理解し伝達することは、自立した市民にとって極めて重要な資質です。今回の新学習指導要領においては、科学的事実を正確に理解するために、小学校3年で「自然の事物・現象を差異点や共通点という視点から比較しながら調べ、・・・」、小学校4年で「・・・自然の事物・現象の変化とその要因とを関係付ける能力・・・」、小学校5年で「観察、実験などを計画的に行っていく条件制御の能力・・・」、小学校6年で「・・・自然の事物・現象の変化や働きについてその要因や規則性、関係を推論する能力・・・」にそれぞれ重点が置かれています。そして、小学校での重点的に取り扱われる能力を獲得した上で、中学校では、日常生活の中の自然の事物・現象へ生徒が主体的に進んで関わることにより、問題を見出し意欲的な科学的探究学習を遂行して、規則性を発見したり、課題を解決したりするための科学的方法を身に付けることを目指しています。これらの過程を通して、「概念・法則などを解釈し理解し、説明したり活用したりする（3番目）」のであり、得られた様々な「情報を分析・評価し、論述する（4番目）」のであり、「課題について、構想を立て実践し評価・改善する（5番目）」ことが可能となるのです。

❸互いの考えを伝え合い、自らの考えや集団の考えを発展させる（6番目）

　理科が思考力・判断力・表現力等の育成に大きな寄与をすることは反論する余地はありませんが、具体的にどのような授業を展開するとどのように寄与できるのかについては、日本ではそれほど研究が進んでいません。6番目に示された、「互いの考えを伝え合い、自らの考えや集団の考えを発展させる」という状況は理科においても十分達成できる学習状況です。科学的探究学習において、それぞれのグループごとに考えた具体的で科学的な探究学習の計画を発表し合い、お互いの計画が科学的証拠を発見するのに足るものかを確認し合うことは大切なことであり、科学的探究とは何なのかを学習できる場面です。また、出てきた結果をどのように分析・解釈するかについて個人・グループで考えを深めることは大切なことです。そして、クラス全体で議論し合うこともぜひ行いたいことです。なぜなら、科学的な営みは個人的

な営みである場合もありますが、これからの時代はさまざまな専門をもつ科学者が協力して研究を遂行することが重要視されるからです。お互いの弱点を補完しながら、自分の考えに問題点があれば真摯に認め改良する努力をすることが大切なのです。これらを通して、思考力・判断力・表現力は育成されます。

しかし、どのぐらいの比率でこれらの活動を導入するかについては、必ずしも合意形成はなされていません。1単元の中で何時間を費やすことが望ましいのか、また、単元によって議論が活発化できる内容とそうならない単元もあります。その場合は、児童や生徒の状況や教師の理解の深さの状況によっても授業の質が変化すると考えられるので、科学的な探究学習内容を杓子定規に行うのではなく、教師が自信をもって展開できる内容を少しずつ拡大していけばよいのではないでしょうか。

4. 学習意欲の継続

理科学習の継続は、学習意欲が継続できるかどうかに関係していることは明らかです。人間は生まれながらにして好奇心が旺盛ですが、年を重ねるにつれ、繰り返される様々な自然現象や社会現象が日常化し、それに従い情報はインプットされますが、脳が無意識に無視するようになることが次第に明らかになっています。科学者が仕事として「科学する」という人間が創造した文化を行い続けるには、そこに情意面で「科学する」行為を継続させるに耐える何者かが存在するといえます。すなわち、「発見」する喜びが存在すること、また、自然の事物・現象の「美しさ」や「不思議さ」に感動することができたからだといえます。そこには現在の人間社会における価値の一つといえる「面白さ」が存在しています。しかし、科学者が発見したり工学者が発明したりするものがすべて人類の幸福につながるとは限らないのです。すでに多くの問題や課題を人類に齎したし、また、それらの問題や課題の多くは科学技術の進歩により解決できてきました。しかしながら、今後において

もすべて解決が可能であるとは限りません。したがって、科学や工学の進歩の中に、人類社会の持続性に寄与できるかどうかを常に問い続けるという要素を早い段階から学習する必要があります。

5. 知識基盤社会の意味することと質の高い授業

　「知識基盤社会」が意味することは、「様々な知識が基盤となる社会」という意味よりも、「常に新しい知識が生成される社会」という意味が強く、科学技術の分野でいうならば、自然科学における発見が積み重なり、工学分野における発明が次々に積み重なっていくということでしょう。その結果、新しい知識を生成する様々な教育モデルの研究とそれらに対応した科学教育が必要となります。このとき、国民として科学技術を理解し、その光と影を理解しながら、光の部分を大切にし、影の部分を最小限にする努力を支援できる国民の育成が大切です。このことは、リスクを最小限にすることに関する理解と、民主的な社会において、社会的責任をともなう選択すなわち、トレードオフを行うことに関する理解が必要になるのです。つまり持続可能な社会の実現のための新しい教育の枠組みが必要となります。それらの新しい教育の枠組みとして社会的な合意形成に関する学習等が求められることになるのです。

━━━━━━━━━━━━━━━ 考えてみよう ━━━━━━━━━━━━━━━

課題1 OECD/PISA が 2006 年に行った理科関連の調査問題を一つ選び解いてみよう。この問題を解くことにより考えることと、新しい「中学校学習指導要領解説理科編」の第一章総説に示される内容においての共通点や相違点をまとめなさい。また、PISA で示されている「科学的リテラシー」の定義を見つけ熟読しなさい。この「科学的リテラシー」の定義と新しい「中学校学習指導要領解説理科編」の第一章総説に示される内容との共通点や相違点について考察しなさい。（参考 http://www.mext.go.jp/a_menu/shotou/gakuryoku-chousa/sonota/071205/001.pdf）

〈参考図書〉

- 文部科学省『中学校学習指導要領解説理科編』清水誠、熊野善介ら, 1-149, 2008,9.25
- 熊野善介・小川誠司・原口博之・齊藤智樹「理科の視点からのエネルギー環境リテラシー」『エネルギー環境教育研究』Vol.2, No.1, 17-22, 2007.12
- 北原和夫・長崎栄三ら「21世紀の科学技術リテラシー像−豊かに生きるための智−プロジェクト」総合報告書,日本人が身に付けるべき科学技術の基礎的素養に関する調査研究, 2008
- Marshall, S. P., Scheppler, J. A. &. Palmisano, M. J. Science Literacy for the Twenty-First Century, Prometheus Books, Inc. through Japan UNI Agency, Inc., Tokyo. 渡辺政隆監訳,近代科学社, 1-261, 2003, 1. 序言

第 2 章

学習指導要領の変遷と理科教育

理科教育は
社会的な営みです。
いつでもどこでも
全く同じ理科教育が
あるわけではないし、
望ましいのでもありません。

科学と時代・社会と
子ども・人間を見据えて
構築される必要があります。

1. 序言

　戦後すでに60年余り経ち、間もなく平成20年代の学習指導要領が告示されようとしています。本章では、戦後における義務教育段階の理科教育の歴史をたどります。その際、次の2点を前提とします。1つは歴史の価値についてです。理科教育は自然現象ではなく社会的営みですから、ある時代・社会における理科教育について、それが最善であると直ちに判断することは困難です。またその時代・社会に生きる人々は、そこにある理科教育に「慣れ」を感じています。それゆえ、理科教育のあり方に対して批判的な目をもつには、対比するものが必要です。そこに、理科教育史学（過去との対比）と比較理科教育学（海外との対比）の存在理由があるのです。本章は、温故知新の基礎資料を提供するものということができます。

　もう1つは、学習指導要領を手がかりにすることについてです。学習指導要領は、その時期によって拘束力の強弱やその詳しさに違いがあるものの、わが国におけるその時々の理科教育の目標、内容及び方法をかなりの程度規定してきました。それゆえ、ほぼ10年毎に改訂されてきた学習指導要領、教科書、またそれらの背後にある文書等を手がかりとして、理科教育史の一端をたどることにします。ただし、学習指導要領の各時期を全く均等に扱うわけではなく、軽重をつけることをお断りしておきます。

2. 「生活改善・合理化の理科」時代の理科教育
　― 昭和20年代 ―

　簡単に第二次世界大戦前の理科教育に触れておきましょう。まず確認しておきたいのは、明治末期から大正期を中心に、低学年理科特設運動[1]が繰り広げられて、昭和16年に小学校（当時は国民学校）1年からの理科が設置されたことです。現在の小学校低学年には理科がありませんが、昭和16年以降約半世紀の間の理科は小学校1年から開始されていたのです。

戦後最初の学習指導要領は、昭和22年に発表されました。ただし、「学習指導要領一般編　試案」や「学習指導要領理科編　試案」という具合に、「試案」が付き、「新しく児童の要求と社会の要求とに応じて生まれた教科課程をどんなふうにして生かして行くかを教師自身が自分で研究していく手引き」[2]でした。これらは、文部省独自の「新日本建設の教育方針」（昭和20年9月）の後に、GHQ（連合国最高司令官総司令部）の指導の下で作成された『新教育指針』（昭和21年9月〜22年2月）に依拠したものでした。

　理科の目標は、「すべての人が合理的な生活を営み、いっそうよい生活ができる」ようにすることで、①物ごとを科学的に見たり考えたり取り扱ったりする能力、②科学の原理と応用に関する知識、そして③眞理を見出し進んで新しいものを作り出す態度に三大別されました。さらにこれらは、次のように、その他を加えて、計13の目標から構成されていました[3]。

【能　力】自然界の物と現象とを観察する能力。すじ道の通った考え方をする能力。機械や器具を使う能力。やさしい科学の本を読む能力。
【知　識】身のまわりの物ごとの間の関係や性質を知るための科学の主な原理と応用に関する知識。
【態　度】自然に親しみ科学的な作品に興味を持つ態度。生きものをかわいがり、育てる態度。健康を保つ習慣。眞理にしたがい、進んで未知のものを探ろうとする態度。ねばり強く、助けあい、自ら進んで科学的な仕事や研究をする習慣。
【その他】自然の調和、美しさ、恵みを知ること。科学の仕事の尊さを知ること。更に進んだ理科学習への準備と職業上必要なものの準備。

　これらの中には、現代の理科の目標には見られない、技術的なもの、保健的なもの、科学の本や作品、あるいは科学の仕事の尊さなど「科学の応用」や「科学について」のものが含まれ、理科学習を当時の現実の生活に生かそうとの姿勢が認められます。

　昭和23年になると、文部省に理科研究中央委員会が、さらに同年、全国9

地区にも理科研究委員会が組織されました。これらを核として学習指導要領の改訂作業が始まり、27年に改訂「小学校学習指導要領理科編　試案」「中学校・高等学校学習指導要領理科編　試案」が発表されました。

ここでは、理科学習の本質や使命について、次のように述べています。

> 「理科の学習の本質は、日常生活における自然についての経験を組織的に発展させることである。すなわち、身のまわりに起こるいろいろな現象や物事に疑問を持ち、これを解決しようとして、予想をたて、実際にためしてみて納得のいく知識を得、これによって生活に筋道をたて、これを応用して、さらに生活を豊かにすることにある。」[4]

そして理科の目標としては、次の7つが示されました[4]。

---
(1) 自然の環境についての興味を拡げる。
(2) 科学的合理的なしかたで、日常生活の責任や仕事を処理することができる。
(3) 生命を尊重し、健康で安全な生活を行う。
(4) 自然科学の近代生活に対する貢献や使命を理解する。
(5) 自然の美しさ、調和や恩恵を知る。
(6) 科学的方法を会得して、それを自然の環境に起こる問題を解決するのに役だたせる。
(7) 基礎になる科学の理法を見いだし、これをわきまえて、新しく当面したことを理解したり、新しいものを作り出したりすることができる。

科学的合理的な能力・方法を体得して、現実の生活を改善することが強調されています。また自然美や科学の貢献に対する理解にも触れています。

ちなみに、中学校の単元名の一部を次に示します。原則として、全ての単元で人生－人間の生活・生存－との関係が問われ、また生活上の必要・利便の観点からの扱いが含まれることがわかります[5]。

> 第1学年　主題「自然の姿」
> 　Ⅰ　季節や天気はどのように変化するか。また、これらの変化は人生にどのような影響を及ぼすか。
> 　Ⅲ　水は自然界のどんなところにあるか。また、水は生活にどのようなつながりをもっているか。
>
> 第2学年　主題「日常の科学」
> 　Ⅰ　われわれは自然界のどこから食物を得ているか。また、それをどのように使っているか。
> 　Ⅲ　家を健康によく安全で便利なものにするにはどうしたらよいか。
>
> 第3学年　主題「科学の恩恵」
> 　Ⅰ　科学の研究は生物の改良にどのように役立つか。
> 　Ⅲ　科学によって見える世界はどのように広がったか。

　さて、昭和22・27年版学習指導要領の時代の理科教育の理念をまとめれば、次のように言えるでしょう。第一に、合理的精神を中心とする科学的精神を浸透させ、生活ないし社会の科学化・合理化を図ることでした。このことが軍国主義や極端な国家主義を排除し、民主的で平和な国家建設につながるととらえられました[6]。つまり、科学的精神は、対自然のみならず、生活や社会の改善・改革にも向けられた点に特色がありました。

　他方で、科学のもつ実利面への着目があります。敗戦後の疲弊した我が国において、産業を建て直し、健康で豊かな生活を築く基盤が、理科教育を重視する原動力になった点も特色と言えるでしょう。

3.「系統理科」の時代 ― 昭和30年代 ―

　こうした「試案」時代も過ぎ、小中学校ともに、昭和33年に学習指導要領が改訂されました。昭和20年代の後半、すなわち1950年代は、日本経済が、戦後復興を遂げ、高度成長に入り、科学技術謳歌の時代へと推移した時代で

した。

　科学・技術やその教育の推進に関する国家施策が矢継ぎ早に打ち出されました。例えば、「理科教育振興法」の公布（昭和28年）、科学技術庁の発足（昭和31年）、理工系学生の増員計画の決定（昭和31年）、国庫補助により、千葉、大阪など5県に理科教育センターを設立（昭和35年）、そして5年制の工業高等専門学校発足（昭和37年）などでした。また学習指導要領の理念の実現のため、昭和33年から、理科実験講座が全国的に実施されたことも特筆すべきことです。当該講座の指導書によれば、それは、「5か年に小学校教員の10%、中学校理科担当教員の50%、高等学校理科担当教員の50%を直接の対象とし、その実験・観察等の指導力の向上を計ろうとするもの」でした[7]。

　こうした時代背景のもと、20年代の生活単元ないし経験単元学習は、科学から見れば、系統性のない断片的知識の習得に陥り、基礎学力の低下を招いたとの反省が生まれたのでした。生活経験上の問題というより、自然から直接学ぶという姿勢を強めつつ、基礎的・原理的な事柄を系統的に学習する方向への転換が図られたのでした。

　小学校理科の目標は、次のように示されました。

1. 自然に親しみ、その事物・現象について興味をもち、事実を尊重し、自然から直接学ぼうとする態度を養う。
2. 自然の環境から問題を見いだし、事実に基き、筋道を立てて考えたりくふう・処理したりする態度と技能を養う。
3. 生活に関係の深い自然科学的な事実や基礎的原理を理解し、これをもとにして生活を合理化しようとする態度を養う。
4. 自然と人間の生活との関係について理解を深め、自然を愛護しようとする態度を養う。

　なお、この時期の学習指導要領から「試案」が取れ、基準性をもつことになりました。また、中学校理科に初めて2分野制が導入されました。これは、

必ずしも学問的に物理・化学と生物・地学とに分割することではなく、第1分野には自然現象を分析的、解析的、数式的に扱う内容が多く、第2分野には、自然現象を記載的、全体的、総合的に扱う内容が中心に取り上げられました。とはいえ自然科学が扱う内容の特徴を尊重する方向が打ち出されていることに違いありません。

　中学校理科の目標には、「生活や産業の基礎となる自然科学的な事実や原理の理解」、「自然科学の進歩が生活を豊かにする、…(中略)…生活を合理化しようとする態度」などが含まれています。この時代の理科は、学問的な系統性を強めつつ、科学の進歩・応用が社会を豊かにし、生活を合理化するという観点からとらえられていた、と言えるでしょう。

4.「探究の理科」の時代 ― 昭和40年代 ―

　約10年を経た昭和43年に小学校学習指導要領、そして翌44年に中学校学習指導要領が改訂告示されました。30年代の理科に対して、多岐にわたる内容の消化不良、生活応用中心の内容の過剰、内容の系統性・体系性の欠如が指摘されました。また、昭和37年における、アメリカのカリキュラム改革運動のモデルとなった高校物理教科書「PSSC物理」[8]の翻訳出版に示されるように、世界的な潮流になりつつあった理科教育の現代化への動向に連動する機運が盛り上がったのでした。

　小学校理科の目標は、次のように示されました[9]。

　自然に親しみ、自然の事物・現象を観察、実験などによって、論理的、客観的にとらえ、自然の認識を深めるとともに、科学的な能力と態度を育てる。このため、
1. 生物と生命現象の理解を深め、生命を尊重する態度を養う。
2. 自然の事物・現象を互いに関連づけて考察し、物質の性質とその変化に伴う現象やはたらきを理解させる。

> 3. 自然の事物・現象についての原因・結果の関係的な見方、考え方や定性的、定量的な処理の能力を育てるとともに、自然を一体として考察する態度を養う。

また、中学校理科の目標は、次のとおりです[10]。

> 　自然の事物・現象への関心を高め、それを科学的に探究させることによって、科学的に考察し処理する能力と態度を養うとともに、自然と人間生活との関係を認識させる。このため、
> 1. 自然の事物・現象の中に問題を見いだし、それを探究する過程を通して科学の方法を習得させ、創造的な能力を育てる。
> 2. 基本的な科学概念を理解させ、自然のしくみや、働きを総合的、統一的に考察する能力を養う。
> 3. 自然の事物・現象に対する科学的な見方や考え方を養い、科学的な自然観を育てる。

　小学校では、「自然の認識」、「科学的な能力や態度」の育成、とりわけ関係的な認識を強調しています。このとき、3学年以上の内容が初めて「A生物とその環境」「B物質とエネルギー」及び「C地球と宇宙」に3区分されました。また、33年版の学習指導要領理科の内容であったグライダーの作り方、歯車やベルト、繊維とその性質、むし歯、病原体と寄生虫、石炭や石油のでき方、燃料の種類など、生活・産業関連の内容は削除されました。

　中学校では、「基本的な科学概念の育成」「科学の方法の習得」及び「内容の精選」の3つが改善の基本方針でした。背景としては、知識・情報が爆発的に増大する時代に対処するため科学の成果としての知識の習得よりも、自ら探究する能力が求められ、枝葉的な知識よりも基本的な概念が求められたことがあげられます。一言でいえば、科学的探究を通して、科学の方法を習得するとともに、科学の基本的概念の形成を図ろうとしたのでした。この時代の理科、とりわけ中等教育段階の理科は、世界的にみれば、「学問中心カリ

キュラム」の動きを反映したものといえます。

　さらに少し補足すれば、この時代の理科においては、学習者は小さな科学者と位置づけられ、「科学はそれ自体の目標のために学習された」[11]のでした。それゆえ、理科教育は、直接には科学の実利的価値を訴えることはありませんでした。科学は、技術的応用を離れてもそれだけで価値ある知的活動であるととらえられたからです。しかしながら、こうした「探究の理科」（「学問中心カリキュラム」）の背景を広く眺めれば、そこには米ソの宇宙開発競争に象徴される東西冷戦構造があり、科学・技術力が国力を決定づける、という時代認識が存在したことは否定できません。

　なお、「生命尊重」や「自然と人間生活との関係の認識」などの言葉に、環境教育的要素を尊重する萌芽を見て取ることができます。

5. ゆとりと環境配慮の理科 ― 昭和50年代 ―

　昭和40年代の理科は、理科教育史において純粋な学問性を最も強調した時代でしたが、それが実施され始める頃は、実に大きな転換期にありました。すなわち、同45年に大阪万博、46年に環境庁の発足、そして48年にオイルショックがあり、科学技術謳歌の時代の終焉という時代思潮が浸透し始めました。公害の社会問題化、資源の有限性の認識などにより、産業の発展と人間の福祉との調和をめざす機運が生まれつつありました。

　昭和52年に、小・中学校の学習指導要領が改訂告示されました。「豊かな人間性」「ゆとりのあるしかも充実した学校生活」及び「国民共通の基礎的・基本的な内容の重視と学習者の個性の尊重」という方針の下に、「内容の精選」とともに「教科の標準時間数の削減」が行われました。

　小学校理科の目標、中学校理科の目標は、それぞれ次のとおりです[12]。

（小学校）
　観察、実験などを通して、自然を調べる能力と態度を育てるとともに自

> 然の事物・現象についての理解を図り、自然を愛する豊かな心情を培う。
>
> (中学校)
> 　観察、実験などを通して、自然を調べる能力と態度を育てるとともに自然の事物・現象についての理解を深め、自然と人間とのかかわりについて認識させる。

　目標の記述はたったこれだけになり、「科学的」とか「探究」という言葉が消え、「自然を調べる」という優しい言葉に変わりました。学校種にかかわらず、自然を調べる能力や態度の育成や基礎的・基本的な概念の形成が無理なく行われるようにするために、児童生徒の心身の発達を考慮して内容を基礎的・基本的な事項に精選する、という方針がありました。その際、小学校では、「直接経験」を重視し、「自然を愛する豊かな心情」を培うこと、中学校の場合は、「自然と人間とのかかわり」の認識を深めることが強調されました。

　小学校での内容の変化を例示してみましょう。旧学習指導要領に示された内容のうち、「程度の高い実験を伴うものや取り扱いが高度になりがちなもの」「程度の高い抽象的な説明を要するもの」「実際の観察や取り扱いがこんなんなもの」が集約されたり、削除されたりしました。具体的には、細胞の核、トリの卵、水溶液の電気伝導、まさつ、火山活動、地球の自転などがその対象でした。中学校理科でも、イオンの反応、天体の形状と距離の一部、動植物の分布などが削除され、原子の構造、地かくの変化と地表の歴史などは軽減されました。しかしながら、中学校の場合、エネルギーの変換と利用、自然界における生産、消費及び分解の意義などに関する内容だけは充実が図られました。これは、「自然と人間とのかかわり」の認識の深化という観点からの変化でした。

　ちなみに、このとき理科の授業時数は、小学校高学年で、週当たり4時間から3時間へ、中学校では各学年週当たり4時間から、第3学年以外は3時間へと削減されました。

6. 生活科の登場と理科の縮小
― 平成の時代へ ―

　平成元年の改訂では、小学校における生活科の登場と、それに伴う低学年からの理科と社会科の廃止が象徴的でした。かつての低学年理科特設運動を思い起こせば、隔世の感があります。

　従前の理科は、科学の成果である知識の伝達に偏り、日常生活との結びつきが欠如しているととらえられ、これからは日常生活と関係が深い内容事項を取り上げ、興味・関心を高めるとともに、創造的な能力を養うことが目指されました。直接経験を重んじ、問題発見から結論に到る一連の活動を体験し、問題解決能力や身近な自然に対する見方・考え方を養うこととされました。そこで、当時の目標は次のように表現されました[13]。

> 　自然に親しみ、観察、実験などを行い、問題解決の能力と自然を愛する心情を育てるとともに自然の事物・現象についての理解を図り、科学的な見方や考え方を養う。

　かつては、観察・実験など「によって」とか、「を通して」と書かれていたところが、「を行い」という記述になり、直接経験や実証性を重視する姿勢が読み取れます。なお、「問題解決」は、昭和20年代の生活単元ないし経験単元による問題解決学習における問題解決より狭いもので、ほとんど自然科学の範囲内のものであり、両者の差異に留意が必要です。

　生活科新設のため、内容はさらに精選・集約され、カリキュラムのスパイラル性は失われてきました。日常生活における科学、人のつくりと働きの方向が強められましたが、内容はかなり削減されました。これまでの第3～6学年の内容は、107小項目ありましたが、79小項目に減ったのでした。

　中学校理科の改訂では、観察・実験の重視を基本として、科学的に調べる能力、段階的で無理のない基本的概念の形成、自然に対する関心や態度の向

上がめざされました。理科の目標は次のとおりです[14]。

> 　自然に対する関心を高め、観察、実験などを行い、科学的に調べる能力と態度を育てるとともに自然の事物・現象についての理解を深め、科学的な見方や考え方を養う。

　授業時数は、第3学年で105〜140（3〜4／週）と、初めて幅のある示し方になり、内容は全体として105で扱える分量に精選・集約されました。ただし、日常生活との関連という視点から、身のまわりの物理現象や生物のつながり等、一部の内容はやや充実されました。他には、授業におけるコンピュータの活用が推奨されたり、新たに選択の理科が設置されたりしたことがあります。なお、選択の理科では、課題研究や野外観察等、生徒の特性に応じた多様な学習活動を展開することが提唱されました。

7. 総合的学習創設・選択制重視の時代の理科 ― 平成10年代 ―

　平成8年の中央教育審議会第一次答申において、「ゆとり」の中で自ら学び自ら考える力などの「生きる力」の育成を基本とする学校教育のあり方が提言されました。そしてその育成のための方策として、各教科、道徳、特別活動で工夫を凝らすだけでなく、各教科間で連携を図った横断的・総合的な指導が有効であるという観点から、この時代を象徴する「総合的な学習の時間」の創設が提案されたのでした。

　この背景には、社会性の欠如、自立の遅れといった子どもの変化、家庭や地域の教育力の低下などの他、地球環境問題、エネルギー問題や国際化・情報化の進展、科学技術の発展など現代社会の諸問題の存在がありました。それ故に、激変する社会において、いかなる場面でも他人と協調しつつ自立的に社会生活を送っていくために必要となる、人間としての実践的な力である

「生きる力」の育成が必要ととらえられたのでした。また学校の完全週5日制の導入も期を画すものでした。

総合的な学習の登場とその背後にある考え方は、理科にも大きな影響を与えました。まず小・中学校理科の目標を示します[15]。

（小学校）
　自然に親しみ、見通しをもって観察、実験などを行い、科学的に調べる能力と態度を育てるとともに自然の事物・現象についての理解を図り、科学的な見方や考え方を養う。

（中学校）
　自然に対する関心を高め、目的意識をもって観察、実験などを行い、科学的に調べる能力と態度を育てるとともに自然の事物・現象についての理解を深め、科学的な見方や考え方を養う。

観察・実験などについて、「見通し」ないし「目的意識」をもって行う、という記述が従来と異なるだけです。これは、自然に対する問題解決活動は、主体的活動が基本であり、またそれによって事前の予想と結果との一致不一致が明確に認識されることなどの他、科学観の変更を意味します。つまり、科学の理論や法則は科学者という人間と無関係に絶対的・普遍的なものとして自然界に存在するのではなく、科学者という人間が創造・構築したものであり、科学は科学者たちが社会的に公認・共有したものであるという科学観の表明でもありました。とはいえ小中の表記が異なり、高校の目標にはこうした言葉がないなど、不鮮明な点があります。

小・中学校ともに、前回に引き続いて理科の配当時数が削減されました。小学校では、従前の各学年105（3／週）から、3学年の70の他、6学年の90など、35（1／週）では割り切れない時数に減り、中学校では、第1・2学年は105と不変でしたが、3学年は80へと大幅に減りました。それに伴い内容は「厳選」され、大幅な削減・集約が行われたのでした。

ただし、小学校では、ものづくりや自然災害に関する内容の充実が図られました。また児童の興味・関心に応じるものとして、初めて「課題選択」学習が導入され、例えば、「人や動物の誕生」における人と魚、「土地のつくりと変化」における火山と地震などは、児童がいずれか一方を選択する学習内容とされたのでした。なお、各学年の内容は、例えば、「……物の動きの変化をそれらにかかわる条件に目を向けながら調べ、……物の変化の規則性についての見方や考え方を養う。」のように、科学的に調べる際の「視点」と、養うべき「見方や考え方」の対象とから示されました。

　中学校理科は、日常生活と関連づけた理解や自然に対する総合的な見方の育成という観点が重視されました。またその一部は選択的に履修する内容ですが、第1分野に「科学技術と人間」、第2分野に「自然と人間」が位置づけられました。さらに、薬品の管理や廃棄に関する適切な措置、コンピュータや情報通信ネットワークの活用が明示されました。なお、中学校教育課程全体の中で、選択教科に当てる時間が拡充された点も、この時期の特徴です。

8．平成20年代への展望 ― 結語にかえて ―

　これまでの理科教育は、生活との関連性、自然科学という学問との関連性という2つ観点の中で揺れ動いてきたと言えます。もちろん生活との関連と言っても、その内実には差異が認められます。戦後初期には、日常生活の改善・合理化や保健衛生の向上という観点であるのに対して、現代では実用というより、科学技術に関連した社会問題の観点からの生活へと重点が移っています。科学という学問との関連では、大まかに言えば、役立つ知識、系統的・体系的知識としての科学から、探究としての科学、そして科学者という人間や科学者集団により創造・共有された知としての科学へと移行してきました。しかし他方で、観察・実験をはじめとする直接経験の重視と、自然を愛する心情の尊重とは、ほぼ一貫してわが国の理科教育の底流をなす特色と言えるでしょう。

ところで平成20年1月に、新しい学習指導要領案[16]が発表されました。この案によれば、基本方針は、「生きる力」の育成という理念を変えることなく、それをよりよく実現するために、具体的な手立てを確立する観点から学習指導要領を改訂する、というものです。強調されているのは、①基礎的・基本的な知識・技能の習得、②思考力・判断力・表現力等の育成、そしてそれらからなる③確かな学力を確立するための時間の確保、などです。

久方ぶりに、理科に配当される時数が増加に転じます。小学校で約16％、中学校で約33％の増加です。中学校について例示すれば、第1学年から順に105、140、140、合計385が予定されています。

内容構成については、改善の基本方針から、次の方向性が読み取れます。

① 科学的な概念の理解など基礎的・基本的な知識・技能の確実な定着を図る観点から、「エネルギー」「粒子」「生命」「地球」などの科学の基本的な見方や概念を柱として、内容の構造化を図る。
② 科学的な思考力・表現力の育成を図る観点から、観察・実験の結果を整理し考察する学習活動、科学的概念を使用して考えたり説明したりする学習活動、探究的な学習活動を充実する。
③ 観察・実験や自然体験、科学的な体験を一層充実する。

また小学校の3区分は、中学校の2分野制との接続などの観点から、「物質・エネルギー」、「生命・地球」という2区分となります。課題選択はなくし、例えば火山と地震は両方とも学習します。中学校には、電力量、水溶液の伝導性、生物の進化、DNAの存在、地球の変動と災害など、復活したり、新規に導入されたりする内容があります。さらに、「実社会・実生活との関連」を重視して、理科学習の意義や有用性を実感させること、持続可能な社会の構築という観点から「環境教育」を充実すること等が表明されています。また理科において要約、説明、論述など「言語活動」の重視がうたわれている点は、従来なかったことです。

これからは、生活・社会の変化、そしてそこにおける科学の位置の変化を見据え、生涯にわたって科学・技術に親しみ、それらと関連の深い社会問題の解決に主体的にかかわり続ける人間の育成という観点から、理科教育の在り方を吟味することが不可欠と言えるでしょう。

◇◇◇◇◇◇◇ 考えてみよう ◇◇◇◇◇◇◇

課題1 明治末期から昭和初期までにわたって繰り広げられた「低学年理科特設運動」について調べ、生活科が設置され、低学年理科・社会科が廃止されたときの論拠づけと比較検討しよう。

課題2 教育課程の総時数と理科に配当された授業時数の変化をグラフ化し、大きな変化を見せた時期に着目して、理科時数を左右する主な要因を探ろう。

課題3 例えば、「遺伝」や「進化」は、時代により中学校理科で扱われたり扱われなかったりと変化の激しい内容である。このように扱いが激変する内容領域を選んで、その理由を探ろう。

課題4 次期学習指導要領において重視されるであろう「言語活動」や「環境教育」などの要素を現行の教科書の中で探そう。あるいは、「キャリア教育」と理科教育との関連を考えてみよう。

〈引用・参考文献〉

1) 鶴岡義彦「小学校低学年理科設置の論拠づけに関する事例の分析―『低学年理科特設運動』の初期における成城小学校の場合―」『島根大学教育学部研究紀要』Vol.20, pp.85-96, 島根大学教育学部, 1986
2) 文部省『小学校学習指導要領 一般編 試案』1947
3) 文部省『小学校学習指導要領 理科偏 試案』1947
4) 文部省『小学校学習指導要領 一般編 試案』1952
5) 文部省『中学校・高等学校学習指導要領 理科編 試案』1952
6) 文部省『新教育指針』、板倉聖宣・永田英治編著『理科教育史資料〈第1巻 科学教育論・教育課程〉』(全6巻) 東京法令出版, 1986所収
7) 文部省『中学校 実験と観察―理科実験講座指導書―』1958
8) 山内恭彦ほか訳『PSSC物理』岩波書店, 1962
9) 文部省『小学校学習指導要領 理科編』1968
10) 文部省『中学校学習指導要領 理科編』1969
11) Layton, D., *Science for the People*, Science History Pub., p.177, 1973
12) 文部省『小学校学習指導要領 理科編』1977
    文部省『中学校学習指導要領 理科編』1977
13) 文部省『小学校学習指導要領 理科編』1989
14) 文部省『中学校学習指導要領 理科編』1989
15) 文部省『小学校学習指導要領 理科編』1999
    文部省『中学校学習指導要領 理科編』1999
16) 文部科学省ホームページ「新しい学習指導要領」
    http://www.mext.go.jp/a_menu/shotou/new-cs/index.htm

〈付記〉

学習指導要領については、煩雑さを避けるためページを示さなかった。以上の文献の他に、各時代の「指導書」「指導要領解説」及び次の文献を参考にした。

・教育情報センター編『新旧学習指導要領の対比と解説』明治図書, 1977
・東洋ほか編『理科教育事典 教育理論編』大日本図書, 1991
・鶴岡義彦「何のために理科教育を行うのか 戦後の歴史から」, 角屋重樹編『新しい理科教育の理論と実践の方法』現代教育社, 2003

第 3 章

戦後から平成までの教育改革

社会情勢の変化に応じて教育は
どう変えられたのでしょうか。
戦後から今日までの激動の中で、
理科教育の変遷を辿ってみましょう。
そこから未来を展望し、
あるべき理科教育の姿を考察してみましょう。

1. 社会情勢の変化と教育改革

　各時代の教育改革には、それぞれの時代の政治的・社会的な情勢のあり方や変化が大きくかかわっています。明治維新においては、封建制を脱却し西洋諸国を模範とする近代国家の建設を目指す必要があるという政治判断によって、学校を設置して教育を広く国民に行う、という教育改革あるいは教育制度策定が進められました。また、日清戦争から世界大戦へと向かった時代には、天皇制による国内支配を基礎とする帝国主義をめざして、儒教道徳観に立った教育が実施されました。

　一方、第2次世界大戦の敗戦で荒廃した日本を立て直す際には、教育は、民主主義国家の実現、自由主義経済の復興と成長をめざして実施されてきました。このように、教育は時代を背負い、また時代を創っていく機能をもっています。理科教育も当然、その時代の社会背景や国家情勢と無縁に行われるものではありません。社会や国家的、国際的な動きの影響を受けながら行われますし、また反対に、理科教育の成果や結果が、国造りや社会あるいは個人の生活のあり方にも深くかかわり、影響を及ぼすものなのです。

　しかしながら、理科教育が社会や個人の生活にどう影響し、影響されるのか、という極めて大切なことを念頭に置いて、日々の教育に携わっている教育実践者は多くないのが現実ではないでしょうか。むしろ、理科の内容をいかに理解させるかに腐心し、知的好奇心の発揚、科学的な探究心や科学的探究能力の育成に熱心に取り組んでいる理科の先生が多いのです。この事実は、理科教育界の財産であるともいえるのです。しかしながら、熱心な理科教師オタクになっていては問題です。理科教師も、少し目を他の世界、例えば、社会の要請と科学の関係とか、科学と人の生活や心の関係などにも向けることが大切なのです。

　次に、科学の活動は人や国、社会の実情とその動向に深くかかわりながら行われているのだ、ということを次の例から考察してみましょう。

　第2次世界大戦後において、原子物理学が大変な発展をしました。その原

因は、米国とソ連の冷戦期における核兵器開発競争があったといえます。すなわち、核反応を利用する原爆や水爆の開発には原子物理学が基礎となるため、米政府は多くの予算をNSF（全米科学財団）などを経由して原子物理学の研究費に当て、しっかりと研究を支援してきたのです。結果、核兵器の開発とともに、原子物理学の研究が進み、学問的成果が多く得られてきたといっても過言ではないでしょう。

その他にも、生命工学や遺伝子工学の発達が生命倫理などの新しい問題を現代社会に投げかけるようになりました。

歴史を振り返ってみましょう。科学と産業、軍事、宗教の関係は意外と結びつきがありました。例えば、18、19世紀のイギリスの産業革命は、工場制機械工業の導入の契機となったワットやニューコメンの蒸気機関の発明があったからだといえます。また、蒸気機関の普及は、同時に熱力学の分野に学問的進歩をうながし、熱機関の理論構築が行われていったのです。これは、産業と科学研究が相補的関係で発展してきた例です。

また、ガリレオ・ガリレイは軍事コンパスを作りました。また、「落体の法則」も、大砲の弾丸の放物運動を予測することに役立てていたのです。すなわち、ガリレオの研究は軍事とかかわっていたのです。

一方、コペルニクスからニュートンにいたる科学者はキリスト教信者であり、当時の科学は宗教と結びついていたのです。キリスト教によれば、神が自然や宇宙や人を創造し、神の言葉は「聖書」に表されました。自然や宇宙を研究して理解することは、神の創造の業を賛美することであるというのです。だから、コペルニクスは太陽を中心として天体が運動する地動説を導き、ニュートンは万有引力の法則を発見したのです。そのことは彼らにとって宗教的真実にふれることでもあった、といえるのです。このように見ると、科学者といえる人達が、当時功利的には役に立たなかった天体の構造解明に、なぜ夢中になったが理解できるのではないでしょうか。

以上の例から、科学は人の純粋な知的好奇心に支えられた崇高な行為であるとか、科学は宗教とは別な世界を取り扱い、宗教とは対立するものではな

いのか、という一見常識的な考え方は、ずいぶんおかしいように思えますね。この常識的な考え方は、実は意外と一面的な見方だといえるのです。

　科学的な見方とは、疑問に対し、自分の経験に基づいて探っていったり、他人と交流したりして解決に向かう見方だといえるのです。すなわち、科学は経験と環境と人々の思いとのかかわりのなかで発展してきたものなのです。ですから、科学は人の生活の一形態だと見てほしいのです。この科学のとらえ方が、理科教育を行う上での基盤になければなりません。そういうふうに科学をとらえないと、理科教育はどう変遷してきたのか、さらに、今後理科教育をどのように行っていけばいいのかのビジョンが、適切に描けないのではないでしょうか。

2．戦後復興期の理科教育

　第2次世界大戦終戦以降から今日までの教育改革は、3期に区分して考察できます。この節では、戦後から平成の教育改革の前までの2つの期間について論述していきます。

2.1　戦後から平成前までの教育改革

　第1期は、敗戦後の連合軍総司令部（GHQ）の占領統治下における教育改革です。その改革の骨子は、軍国主義教育の廃止と平和国家の樹立であるといえます。学制制度を、旧制中・高等学校の複線型から、小学校から大学までの6・3・3・4制の単線型の学校制度にしました。また、自由主義、民主主義、教育の平等（機会均等）、基本的人権の尊重、平和主義などが基本理念となりました。そして、教育基本法、学校教育法の制定により、一応、改革の法整備がなされました。また、進歩主義教育の理念に基づき、問題解決学習を学習指導形態にした生活単元学習が実施されました。そもそも進歩主義教育は、19世紀末からから20世紀にかけて起こった世界規模の教育改革運動であり、その骨子は、書物を通じての主知主義の教育に対して、子どもの

自主的で、主体的な活動を尊重するという児童中心主義の考え方に立脚しています。当時は、科学をはじめとする分野で知識が増大しはじめた時期であり、知識を追うのでは間に合わず、知識を学ぶ方法を大切にするべきだ、という立場をとったのです。

　第2期の教育改革は55年体制下での教育改革です。55年体制とは、1955年から1993年頃の自由民主党と日本社会党の対立時期を指します。この時代は、自由民主党が政権を持ち続けますが、憲法改正のための三分の二以上の議席を確保できなかったことから、政権交代と憲法改正のない体制でした。

　生活単元学習では、次第に学力低下が指摘されるようになり、這い回る理科学習になっているのではないか、という批判にさらされるようになりました。そして、昭和33年の学習指導要領改訂において、系統学習の方向に教育の流れが変えられてきました。すなわち、理科学習の内容が、生活に役立てるという観点から、科学知識のまとまりや系統性に比重を置くという方向へ転換されたのです。さらにその後、昭和43年の学習指導要領改訂では、基本的科学概念を柱として科学知識をより体系的、構造的に組立て、それらを問題解決活動、探究活動にそって追求していく「探究の理科」へと研ぎ澄まされていきました。

　この間、教育委員会制度にも大きな変換がありました。それまでは、1948年の「教育委員会法」において、地方公共団体の長から独立して自ら決定権をもつ教育委員会によって教育事務が執行されることになっていました。さらに、その教育委員会は、市民から選挙で選ばれた教育委員で構成されるという民主的な方法が採用されていたのです。しかし、1956年「地方教育行政の組織及び運営に関する法律」が制定され、教育委員は公選制から任命制に変わりました。すなわち、この頃から次第に教育行政は、トップダウン方式に変化していったと言えるのです。

　昭和40年代までは、教師の自主編成による独自の理科授業研究が至るところで普通に多く行われていました。しかし、昭和50年代以降次第に学習指導要領と照らし合わせながら理科授業研究が行われる、という場面に多く

出合うようになりました。筆者の個人的な感想では、教育熱心な先生、理科の指導主事に推薦されるようなリーダー的な理科教師の中には、文部省発行の理科の指導書がよく読まれていると思いました。マーカーで線引きされ、使い込まれた指導書を手に、授業研究に臨む先生が、次第に多くなったという印象が残っています。

いずれにせよ、この時期の日本の経済成長はすばらしいものがあり、戦後の荒廃からの復興劇は世界に例をみないものとなりました。この日本の成長と教育の関係について次の節で検討してみましょう。

2.2 日本の経済成長期とそれを支える理科教育

第2次世界大戦後の経済復興の契機には、朝鮮戦争（1950-1953年）とベトナム戦争（1959-1975年）を挙げることができます。朝鮮戦争は、北朝鮮と韓国の間の国際的な戦争で、アメリカは韓国を支援して戦いました。アメリカは、戦争に必要なものを日本から調達しました。それらには、土嚢（土袋）やテント、軍服などをはじめ、前戦での陣地構築に必要とされる鋼管、針金、鉄条網、コンクリート材料、そして各種食料品や車両修理がありました。1952年には、兵器や砲弾などの生産もGHQにより許可されました。車両修理、航空機の定期修理などは、戦時中に戦闘機や戦車を生産していていた現在のM重工業やF重工業に注文されました。在日米軍が日本で調達する物資・役務に対するこのときの需要を朝鮮特需といいます。初期の特需では、造れば売れるという状況があり、品質管理の考えがあまりなく、不良品がそのまま出荷されることもありました。そこで、アメリカから技術者が出向いて来て品質管理や工程管理の指導を行い、次第に効率的な量産が行われるようになりました。これにより、日本はアメリカ式の大量生産技術を学び、産業立国になる上での重要な技術とノウハウを手に入れることができました。そういう意味では、この時期が日本のものづくり産業の大転換期であり、戦後の高度経済成長の礎となったことは間違いありません。その後、ベトナム戦争（1959-1975年）による特需の恩恵も受けました。ここまで述べ

ると、今のアジア諸国の輸出品を連想する人がいるかもしませんね。

　さて、このような科学技術関連の産業発展は、日本の教育にも影響を与えました。大学の工学部は規模が拡大され、1962年からは高等専門学校（高専）が設置されました。工業高専卒業者は、大学工学部レベルの高度な工業技術を学び、若年時から実践的な専門教育を受けたため、即戦力のある人材として産業界では重宝されました。2000年頃の就職氷河期でさえ、学生の就職に大きな影響がない高専が多かったのです。

　一方、初等中等教育では、1953年に理科振興法を制定して理科教育の振興を図りました。理科振興法は、理科教育等設備整備費の補助制度で、国が定めた理科実験器具が整っていない場合には、それを購入するための補助をするもので、これにより、学校の理科実験器具は整っていきました。そうして、実験観察活動を中核にした理科授業が普及してきたのです。こうした実験道具を用いて事象を追求していく授業が、ものづくり大国日本を支えてきたといってもよいのではないでしょうか。

　また、1963年頃にほぼ全県で設置された理科教育センターも大きな役割を果たしました。このセンターでは、小学校から高校の教師を対象にした理科教育の研修講座の開設をはじめ、理科教育の調査研究や、理科教育振興活動などを行っていきました。1968年に小学校学習指導要領が、翌年に中学校学習指導要領が改訂告示されました。この時期から、理科教育全盛の時代となりました。このころは、アメリカやイギリスなど欧米を中心に起こった理科教育の現代化運動が、世界的に拡散していった時期でもありました。日本においても、理科教育の現代化運動は盛んに取り入れられました。広島県理科教育センターなどではAAASが開発したS-APAというカリキュラムの紹介をするなど、欧米の種々の科学カリキュラムが理科教育センターなどを介して示されました。その他にも、いろいろな理科実験教具の開発や、探究学習の具体化に向けた取り組みや普及活動などを行い、全国の理科教育センターは、理科教育推進に大きく貢献しました。

　一方、日教組の教科研究集会でも理科教育に関する実践が多く発表された

り、理科教育研究のサークル活動も全国各地で盛んに行われていました。

　この時代の社会は、「もはや戦後ではない」（1956年の経済白書による）と言われ、神武景気を象徴として本格的に日本経済が再生しました。生活様式では家電製品が普及し、白黒テレビ・洗濯機・冷蔵庫が三種の神器と呼ばれ、消費者の購買意欲を駆り立てました。また、1960年代半ばの高度経済成長時代には、カラーテレビ・クーラー・自動車の耐久消費財が新三種の神器（3C）と呼ばれ一般家庭に浸透していきました。この時期から、科学技術の恩恵を受けて、日本が高度経済成長時代に突入したのです。つくれば売れる大量消費に裏付けられ、日本の製造業は成長しました。国力は科学技術力が大きく反映するとの認識から、理系重視の政策が取られ、学校の理科教育も充実させる方向に動いたのです。

　昭和30年代は工業高校には成績上位者が入っていきましたが、高度経済成長期以降、次第に大学の志願者が増加しはじめました。特に大学の理工系は狭き門になっていったのでした。その結果、受験も過熱化しました。新卒学生を受け入れる雇用側は、学歴のみならず、どの偏差値の大学なのかといった学校歴というわかりやすく単純な雇用基準を用いる傾向があり、一層受験競争をあおったのです。

　学校歴偏重の要因の1つは、6・3・3・4制の単線型の教育制度の下で、学習指導要領に基づく全国一律の教育内容で学校教育が行われたところにあります。すなわち、教育の一律化により、全国規模での学力序列がつけやすくなったことです。

　一方、大学や高校の受験生の方は、教科書の内容を基準に入試問題が作成されるため、勉強内容が絞りやすくなり、勉強の目標が非常に立てやすくなったといえます。定められた内容をできるだけ正確に多く把握しておくこと、また、難しい内容でも理解して記憶することに主力を注いだのです。極端な例ですと、応用的な問題が出た時は、その場で考えて答えを出すようでは難関校の受験では間に合わないのです。平素から多くの応用問題も勉強して既習状態にし、考えるよりも記憶を呼び戻して回答できるまでしておくこ

とが受験戦争を勝ち抜くのに必要だ、という考えさえあったのです。その結果、4当5落（4時間しか寝ないで勉強すると受験に合格するが、5時間寝ると落ちる）といって、受験勉強に発破をかける一部の進学校や進学塾があったというエピソードもあるくらいです。このような勉強は当時の社会要請に整合する面がありました。

　経済成長期の日本は、欧米の先進諸国をお手本にして、先進国のあらゆるものを効率的かつ敏速に理解して吸収する能力、すなわちキャッチアップ型能力を必要としたのです。自分の創造的アイデアを提案しても、それが欧米にないものであれば日の目を見なかったという傾向も否定できません。例えば、鉛筆削りの不用なシャープペンシルは日本で実用化に成功しましたし、留守番電話などは日本発のアイデアです。しかし、これらの製品は当初日本では受け入れられませんでした。アメリカでその便利さが認められた後に、日本で流行り出したのです。このような例は、他にも多くあります。

　また、教育の大衆化と教育平等化は、国民の知的レベルの底上げをしてきました。その結果、ハイテク部門で活躍できるエリート技術者のみならず、町工場で働く労働者の質も高くなり、高品質な物づくり産業を支えてきました。ハイテク部門でもローテク部門でも日本は世界のトップクラスになっていったといえます。このように、日本のキャッチアップ型の学校教育は、高度経済成長に大きく貢献してきたといえるのです。

　次に、親や受験生や理科教育の側から見てみましょう。高度成長期にはいると、「受験勉強 → いい大学 → 一流企業 → 幸せで豊かな生活」というわかりやすく単純な人生の成功モデルが人々に浸透していきました。努力して勉強し、偏差値の高い大学に入学できた子どもは、勉強の成果が実感できたのではないでしょうか。

　理科教師も、「自然に親しみ、実験観察などによって自然認識を深めるとともに、科学的な能力や態度を育てる」といった理科教育の大きな目標達成よりも、入学試験に向けた教育に巻き込まれていきました。自分が担任する子どもの将来を考えたとき、受験に成功させることが当面の教師がしてやれ

る配慮である、という認識が多くの普通の教師にはあったのです。言い方を換えれば、学校も受験競争に手を貸していったのです

以上のことから、高度成長期においては、それを支えた学校教育と日本の産業が相互補完的な関係であったという見方ができるかもしれません。

3．臨時教育審議会による戦後教育の見直し

　高度経済成長を遂げた日本は、1980年代には世界2位の経済大国になり、経済をはじめ文化などのグローバル化が進んできました。国際的には『ジャパン・アズ・ナンバーワン』という本で示されたように、日本の家電製品や自動車は世界的に高品質になり、アメリカでは大人気となって市場を拡大していったのです。その一方で、ジャパンバッシングも生じ、日本の自動車や電気製品がアメリカの公衆の前でハンマーで壊される様子がテレビで放映されたりしました。また、アメリカからは、働き過ぎの日本人、模倣をする日本人など、日本への注文もいろいろとあったのです。

　また、日本の教育界にも多くの問題が浮上してきました。学習量が多く難しい教育内容についていけない児童生徒が目立つようになり、学習の落ちこぼれ、落ちこぼし問題がもち上がりました。また、受験戦争も激化してその弊害が顕在化したりもしました。校内暴力など学校の荒れの問題が生じるようになりました。理科教育では、探究学習による科学の基本概念や科学の方法の習得が、児童生徒のニーズや興味にマッチしていない、などの問題もありました。特に、中学校などでは授業がまともに行えない学校も出はじめ、時には、「理科実験などを行わせようものなら生徒はとんでもないことをしてしまいます。危なくて、実験などはできません」と言われた理科の先生もいました。

　そんな時代の中で、1984年に当時の中曽根首相の諮問をうけて発足した臨時教育審議会は、戦後教育の見直しをする教育改革を提案したのです。

　第3期の教育改革は、この臨教審の答申によって示されたといえます。

審議会の役割は、大臣の諮問に従って調査研究を行い、その答申を大臣に行うことです。

　本来、文部科学省に正式に設置されている諮問機関は中央教育審議会（中教審）ですが、首相の諮問会議が設置されるようになりました。中曽根内閣には臨教審が設置され、次の小渕内閣、森内閣では教育改革国民会議が、安倍内閣では教育再生会議が設置され、そこから多彩な教育提案が次々と出されるようになりました。ちなみに、2008年2月には、福田内閣の下に教育再生懇談会が設置されました。

　まず、臨教審の教育改革の基本は、①個性重視の原則、②生涯学習体系への移行、③国際化、情報化等の変化への対応です。

　①は、従来の平等主義教育の画一主義、硬直化を廃して、自己実現をめざす個性主義への転換をめざしています。これは、第14期中教審で示された新しい学力観となって引き継がれました。小学校では低学年の理科をなくして生活科を設置したり、総合的学習の時間を設置するなどいろいろな改革になっていったのです。

　教育自由化論も唱えられ、学校選択制、単線型教育体制の修正などが提案されました。そして、高校総合学科が創設され、大学入試では推薦入学など選抜方法が多様化されました。

　②は、夜間学部や大学院の増設などによる大学の社会人受け入れの促進などがあります。

　③では、国際理解教育や国際交流の機会が増加しました。留学生交流の拡大、ネイティブスピーカーの招致などがあります。また、平成元年告示の学習指導要領では、情報活用能力の育成が位置づけられたりしました。学校ではコンピュータやソフトウエアの整備も進められ、それに関連した研修も行われるようになりました。

　2000年には、教育改革国民会議から、教育を変える17の提案が出されました。一律主義から個性を伸ばすシステム、生徒の奉仕活動への参加、コミュニティスクールなど新しいタイプの学校設置、学校評価システム、その

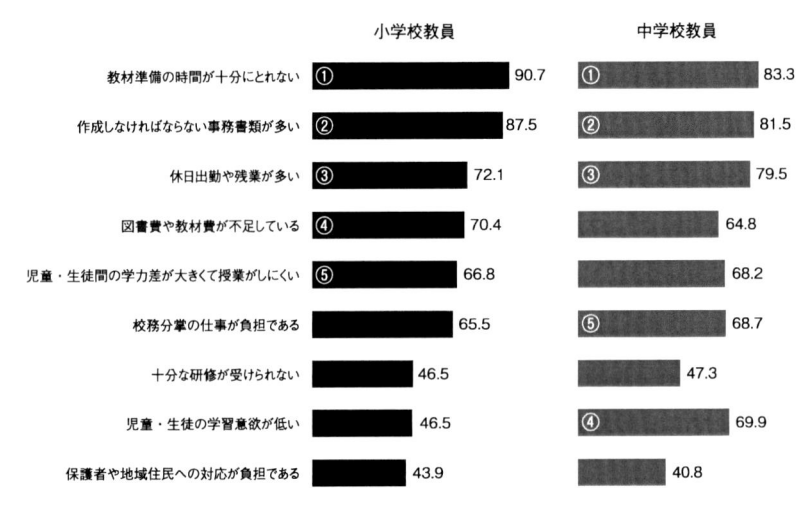

教員の悩み	小学校教員	中学校教員
教材準備の時間が十分にとれない	① 90.7	① 83.3
作成しなければならない事務書類が多い	② 87.5	② 81.5
休日出勤や残業が多い	③ 72.1	③ 79.5
図書費や教材費が不足している	④ 70.4	64.8
児童・生徒間の学力差が大きくて授業がしにくい	⑤ 66.8	68.2
校務分掌の仕事が負担である	65.5	⑤ 68.7
十分な研修が受けられない	46.5	47.3
児童・生徒の学習意欲が低い	46.5	④ 69.9
保護者や地域住民への対応が負担である	43.9	40.8

図　教員の悩み（ベネッセ第4回学習指導基本調査報告書より）

他です。また、現在の教育再生会議では、斬新な意見が次々と提案されてきています。さらに、2001年設置の総合規制改革会議などによる教育界の外からの提言もありました。すなわち、過去20年は、教育改革提言ラッシュとなり、教育界はめまぐるしい変化に揺れたといってもいいでしょう。その結果、学校現場では「改革疲れ」というべき現象も起き、教師の負担は増える一方となりました。ここに、日本の小・中学校教師の多忙さを示すデータとして、ベネッセ教育研究開発センターにより、2007年8月～9月に調査された結果を示します[1]。教師の悩みを尋ねた質問では、上図のように教材準備の時間がとれない、事務書類が多い、校務分掌が負担である、などが挙げられ、また、教材費などが少ないなどの意見もあります。まとめれば、授業以外の仕事が多く、教材費も少ないという大変な状況の中で、学習意欲の低い児童生徒に対して教育実践しなければならないという実情がうかがえます。

　臨教審以降、平成に入ってまもなくバブル経済は崩壊し、その後平成の大不況が約10年続きました。その日本経済を立て直すために、新自由主義の立場から構造改革に乗り出したのが小泉内閣でした。新自由主義とは、市場原理主義に基づき、規制緩和、民営化、情報公開、能力・成果主義によって改

革を進め、経済を成長させようとするものです。

また、21世紀の新しい日本の国づくりを世界最高水準の「科学技術創造立国」に向けて行うという方針が、1995年の「科学技術基本法」の制定により明示されたのです。これは、ある意味、理科教育には追い風になったといえるでしょう。

4. 様々な理科教育振興政策

4.1 内閣府主導の科学技術政策

科学技術創造立国の実現への大きな動きとして、1995年発足した総合科学技術会議[2]があります。この会議は、内閣総理大臣、科学技術政策担当大臣のリーダーシップの下、各省より一段高い立場から、総合的・基本的な科学技術政策の企画立案及び総合調整を行うことを目的としています。

そして、科学技術基本計画が第1期（平成8～12年、約17兆円規模）、第2期（平成13～17年、24兆円規模）、第3期（平成18～22年、25兆円規模）と閣議決定されてきました。筆者も2006年8月、松田岩夫科学技術担当大臣室に出向いて、「25兆円分の1％でも、未来の科学技術者をめざす子どものために使って頂きますようお願いいたします」と大臣にドキドキしながらきっぱりと述べてきました。

さて、筆者のことはさておき、他教科にはない理科教育振興事業が種々行われました。次にそれらの事業を見てみましょう。

4.2 理科大好きプランと理科教育振興活動

文部科学省は、技術革新や産業競争力強化を担う将来有為な科学技術系人材の育成をめざして、科学技術・理科大好きプランを立案して実行しています。そのプランには、理科大好きモデル地域事業、SSH（スーパーサイエンスハイスクール）、SPP（サイエンスパートナーシップ）、サイエンスキャン

プ、その他があります。また、理科支援員等配置事業、国際科学技術コンテストに対にする支援、理科教育等設備整備補助、理数系教員指導力向上研修事業、先進的な科学技術・理科教育用デジタル教材の開発など、さまざまな支援事業のオンパレードです。紙面の関係で、これらすべてを紹介することはできません。文部科学省、独立行政法人科学技術振興機構（JST）のホームページを参照して下さい。

　これらの施策では、教育平等主義に閉じこもるのではなく、伸びる子は伸ばし、学習指導要領の枠に制約されないで、先端的科学技術分野も学校教育に取り入れていくというものです。それは、世界の中で競争できる人材を育成する、という国家戦略に位置づけられています。失われた10年と表現された平成大不況を経て、日本の経済力は陰りが生じています。06年の一人あたりの名目国内総生産（GDP）が経済協力開発機構（OECD）加盟国30ヶ国中で18位に格下げされました。太田経済財政担当大臣は、平成20年1月の通常国会で「もはや日本は経済は一流と呼ばれるような状況ではなくなってしまった」「もう一度世界に向けて挑戦していく気概を取り戻す」と演説されました（朝日新聞2008年1月19日）。今、自信さえなくしつつある日本では、科学技術創造立国にむけた上記の施策に反対する理由は見つかりにくいでしょう。次に筆者が経験したことを中心に、事例をあげながら検討してみます。

　理科大好きスクール後継事業である理科大好きモデル地域事業は、2年間程度の限られた中での指定事業です。5年もすれば人事異動で小学校の先生の大部分が入れ替わります。継続研究が行いにくいような事業に、その効果が期待できるか甚だ疑問です。また、予算がつくから指定を受けるとい

うのであれば、予算消化に追われる傾向さえあるのです。場合によっては、予算は少なくてすむこともあります。反対に、中途半端な予算のため所定の目標達成ができず、効果が期待できないことも考えられます。予算の使途も制限があり、枠で固められたいわゆる役人ベースの事業ではなく、もっと学校の実態に合い、先生と児童のニーズに応じた事業にしないと、折角のよい構想も効果を十分発揮できなくなることも予想されます。筆者は、数校の理科大好きスクール関係の小学校に招かれ、出前理科実験教室をしました。そのときは、児童はしっかりと楽しんでくれ、それなりの効果は期待できました。一方、サイエンスサマーキャンプをJSTより請け合い、2006年8月に実施しました。その時の経費の使用や事業執行の窮屈さには閉口した経験がありましたので、前述のマイナス面を指摘したわけです。「はじめに予算ありき」で始動するのではなく、もっと教育現場のニーズに基づいて始動できるような施策が望ましいのです。

　また、SSHの学校を訪問した際には、大学と交流して大変すばらしい内容の理科授業を高校生は受けていました。また、高校生がグループ別に研究テーマを設定して、学校内あるいは野外や大学において、工夫を凝らした方法で実験や調査をしていました。高度な内容の研究、そうかと思うと、ありふれた内容を面白い角度から鋭く追究している研究にも遭遇しました。驚かされると同時にエールを送った次第です。しかし、気になることを高校の指導教師から聞かされました。「折角の生徒の研究も、大学進学の際には役立たないばかりか、むしろ、受験勉強に邁進する方が進学には有利になったりする」ということでした。現実とのギャップをあらためて再認識したわけです。

　これらの事業の趣旨には大賛成

です。せっかく税金を投入して行われるわけですから、児童生徒にとって学校時代だけのいい経験として閉じられたものではなく、大学や社会への出口をも見通し、進学・進路をケアできる計画立案を想定した事業に、もっとブラッシュアップしてほしいものです。

　一方、政治主導ではなく、地域の人や民間の独自な活動としての科学振興活動が行われるようになりました。これらの例は、日本理科教育学会編集の『理科の教育』の 2003 年 7 月号、2008 年 3 月号などにも掲載されていますので、読者の方は目を通しておいていただきたいと思います。

　最後に、筆者が実行委員長となって毎年岐阜県で行っている「青少年のための科学の祭典」について紹介します。これは、岐阜市科学館、市や町の公民館や文化センターなどを会場にして開催します。

　その内容は、楽しい理科実験工作活動ができるブースを 20 箇所から 50 箇所設け、子どもや保護者は自由にブースを回って科学の体験をします。指導者は学校の理科教師、学生、時には大学教師が担当します。いつも参加者が多く、2 日間で 1 万人に達する大会もあります。このような大勢の参加者からは、大変楽しかった、また参加したいという言葉が返ってくるのです。そこでは、理科嫌いなどという雰囲気は皆無です。学習指導要領の枠で縛られ、決められた授業時間内で制約を受けて行われる今の学校理科にはない、自由で楽しい実験がそこにはあるのです。

　要約すれば、理科はもっと、もっと楽しく子どもに学習させれらる教科であるということです。理科教育には、工夫の余地が多く残っているのです。官主導のみではなく、民主導による理科教育の活性化もしていかなければなりません。

> ※※※※※※※※※※ 考えてみよう ※※※※※※※※※※
>
> **課題1** 電気を利用して便利な生活を送ることができます。それには、科学の発展がどのように貢献したのかを調べてみましょう。
>
> **課題2** 科学技術創造立国を支え発展させる人材の育成について、学校教育はどうかかわっているのでしょうか。また、これに関係した政府の施策を調べてみましょう。
>
> **課題3** 学校以外で行われている子どもを対象にした理科振興活動にはどのようなものがあるのか調べてみましょう。

〈参考 Web サイト〉
1) http://benesse.jp/berd/center/open/report/shidou_kihon/soku/index.html
2) http://www8.cao.go.jp/cstp/

第 2 部

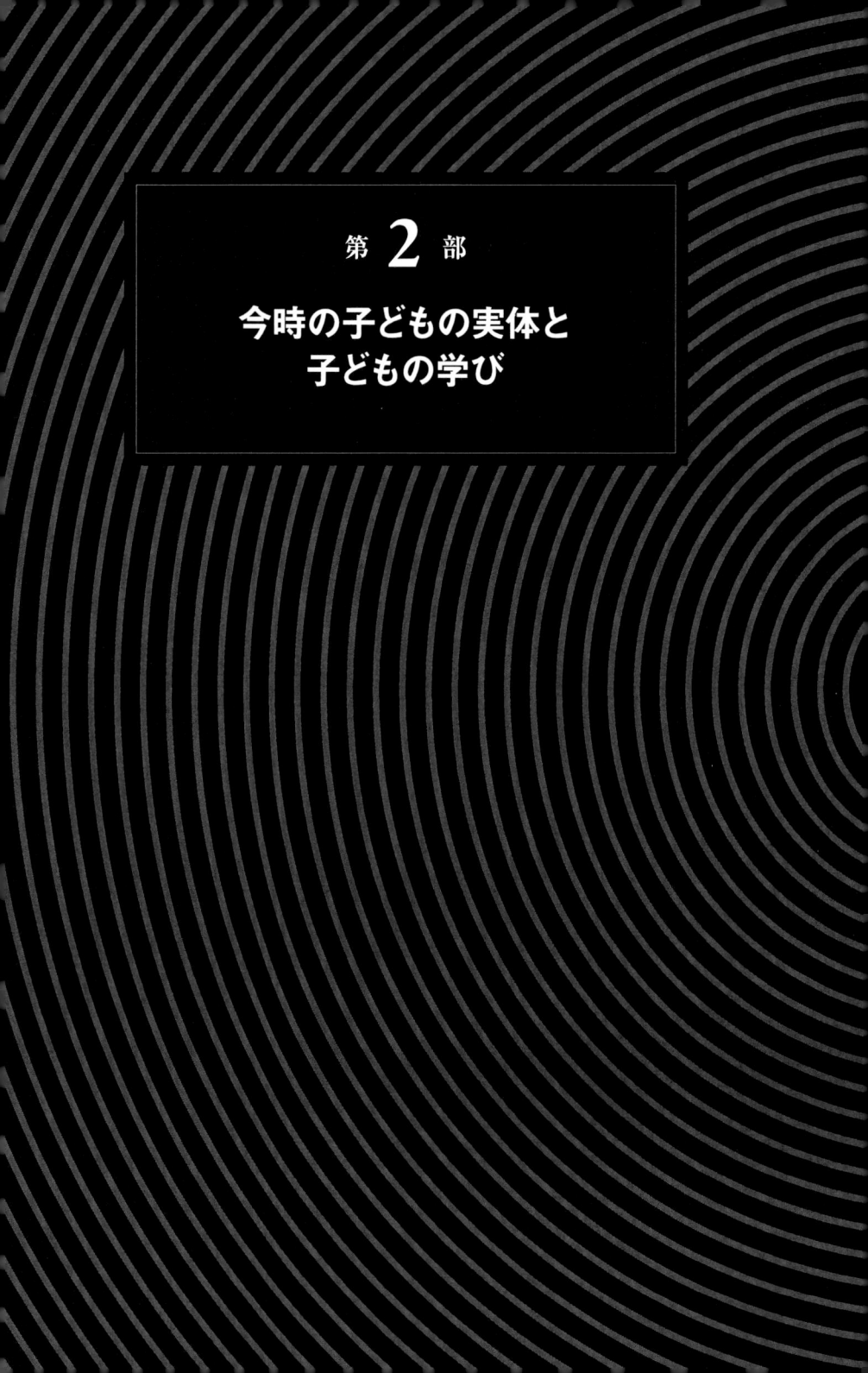

今時の子どもの実体と
子どもの学び

第 4 章

子どもは自然や科学をどうとらえているのか

1. 自然に対する子どもの考え（本音）を知ることの意義

1.1 自然の事象に対する子どもの考え（本音）

　本章では、まず、子どもたちが抱いている自然に対する考え（自然に対する子どもたちの本音）を具体的に紹介するとともに、その特徴について解説していきます。また、実際の理科学習の中で、子どもたちの本音を積極的に取り上げる意義などについてもふれていきます。

　ところで、多くの子どもたちは理科学習に白紙の状態（**タブラ・ラサ**：哲学者ロック（Locke, J.）の言う「空白なる石板」の意）で臨むのではなく、何らかの自分なりの考えを携えて取り組んでいます。もちろん、多くの子どもたちの考えには、少なからず科学的に誤っている部分が含まれています。

　とはいえ、学習前の子どもの考えの中には、「僕は○○だよ。だって，○○だからだよ。」といった子どもなりに論理一貫した考え（例えば、前頁に示した子どもの考え）や、「私は絶対○○だと思う！」という強い思い込みともいうべき堅固な考えも含まれています。

　このように、科学的に誤りを含むが、子どもなりに論理一貫した堅固な考えは、1980年代頃より大勢の理科教育研究者によってさまざまな名称が付けられ、我が国にも紹介されるようになりました。たとえば、**mis-concep-tion**（誤概念、ミス－コンセプション）、**pre-conception**（前概念、プリ－コンセプション）、**alternative framework**（代替的枠組み）等の名称です。

　現在の我が国では、"素朴概念" という用語が充当される場合がありますが、要するに理科学習にもち込まれる子どもの深奥に潜む**本音**のことだと解釈すればよいでしょう。以降、本章では "子どもの考え" という用語を "子どもの本音" という意味合いで使用していきます。

1.2 今、なぜ子どもの考えが問題になるのか

　理科学習の中にもち込まれる子どもの考えを把握しておくことが、なぜ大切なのでしょう。主に3つの理由を挙げることができます。
❶ **観察活動に対するとらえ方の変化**
　これまで、観察とは、「五感をフルに活用し、自然の事物現象から情報を収集すること」であり、「我々の感覚によって、自然の性質、現象の実体の"ありのまま"の姿を正確にとらえることが可能になる」と言われてきました。**素朴帰納主義的な観察観**、と呼ばれるものです。
　しかし、最近になって、このような観察観に修正が求められるようになりました。具体的には、子どもをはじめとする観察者が、カメラのように自然の事物現象を"ありのまま"に見ることができるのか、という本質的な問いかけです。この問いに関して、科学哲学者たちは否定的な見解を示しています。例えば、ハンソン（Hanson,N.R.）は、「Xについての観察は、Xについて予め持っている知識によって形成される」として、「観察者の本当のねらいは、自分の見ている観察事実と、今まで既に確立している知識体系という背景と、うまく合わせてみることにある[1)]」と回答しています。**観察の理論負荷性**、もしくは**仮説演繹的な観察観**、とも呼ばれるもので、子どもの観察活動に当てはめて考えると、「子どもが自分なりの考えと比較・照合しながら自然の事物現象に関する情報を解釈したり、解釈した情報によって自分の考えを再構成したりする知的営みである」と言うことができます。
　この意味で、観察をはじめとする理科学習に際しては、学習前の子どもの考えを把握しておく教師側の手続きや、学習前の子ども自身が自らの考えを振り返っておく手続き（**メタ認知**）が、ことさら重要なポイントになります。
❷ **子どもの主体性を保障し、学ぶ必然性を醸し出す理科授業へ**
　「さあ、今日は○○の観察をしましょう」という教師側からの問いかけから理科学習が開始される場合がよくあります。「一方的な講義形式より、具体物を用いる観察や実験のほうが、子どもは主体的に取り組むだろう」とい

う教師側の思いはわかるのですが、中には「先生が言ったから仕方ないけど、何でこんなつまらない観察をしなくちゃいけないのかなあ」といった素朴な疑問を抱く子どもも存在するようです（大方の場合、このような子どもの声は教師の耳に届きにくいようですが）。

では、一体、どこに問題が潜んでいるのでしょうか。これまでの理科学習の中には、とにもかくにも"まず観察ありき"という信念のようなものが存在してきたように思われます。観察の重要性について異論を挟む余地はありませんが、従来までの"まず観察ありき"から、前小節で述べたように"まず子どもの考えありき"への変換が迫られるようになったわけです。

具体的には、学習前の子どもの考えを把握し、その科学の妥当性等について分析し（"まず子どもの考えありき"から）、少しでも科学的な考えへと変容させたり再構成させたりするための観察活動を編成してやること（次に"観察ありき"へ）の重要性です。

このように、子どもの考えを理科学習の起点に据えることは、「僕の考え、どこが違うのか、観察して確かめてみたいな！」というように子どもの主体的取り組みをうながしたり、学ぶ必然性を子どもに感得させたりすることにも繋がっていきます。

❸子どもたちに存在する多様な考え
＜発達段階説を再考する＞

これまで、ピアジェ（Piaget, J.）の発達段階説[2)]に依拠して、「子どもの発達段階に即して理科学習を行うこと」が容認されてきました。つまり、子どもがどのような発達段階にあるか（例えば、小学校3年生（8〜9歳）であればどの発達段階に当てはまるか）ということを見極めた上で、適合する内容を配列して提示していくような理科学習です。

しかし、最近の認識研究の成果から一人ひとりの子どもの考えは実に多様であることが判明し（例えば、p.66の**表1**を参照）、さらに、発達段階を逸脱するような子どもの考えも表出することとなり、発達段階という固定的枠組みだけでは子どもの考えや学習をとらえきれなくなってきました。加えて、

子どもの考えの中には、尋ねる状況や場面によって変化したり、特定の領域だけに特徴的に表れ出るものがあったりすること（**思考の状況依存性**、もしくは**思考の領域固有性**）もわかってきました。

次に、その具体例について取り上げながら、詳しく説明します。

＜"因果関係の逆転"を事例にして＞

例えば、原因と結果が入れ替わった思考（**因果関係の逆転**）として「木の葉や枝が揺れるから、風が吹くんだね！」を挙げることができます。ピアジェは、このような因果関係の逆転は、幼児期や年少の子どもにみられる特徴的な思考として位置づけています。

ところが、同様の考えが小学校高学年の子どもの中にも存在していることが判明し、このような子どもに対しては、教師側から「風が吹くから、木の葉や枝が揺れるんだよ」と伝えても、なかなか納得してくれないようです。それは、因果関係の逆転として片づけられるほどの稚拙で素朴な考えではなく、この子どもの考えが日常経験に根ざしており、しかもその日常経験と見事に一致しているからです。

具体的には、実際に遠くの街路樹を見ていると、木の葉や枝が揺れるのが見えてから（視覚による感知）→ ザワザワっという音が聞こえ（聴覚による感知）→ その後に頬をなでる風が来る（皮膚感覚による感知）、場合があるためです。子どもたちは自然と戯れる体験などを通して、自分なりに論理一貫した科学の世界を築き上げているのです。

このような多様な考えの存在、言い換えれば、子どもの考えの個人差等の諸特性に適合した理科学習を構成していくためにも、今後さらに詳細に子どもの考えを把握していく手続きが不可欠になっていくことでしょう。

次に、これまで明らかになっている自然事象に対する子どもの多様な考えを具体的に紹介するとともに、その諸特徴について概観します。

2. 自然に対する子どもの考えの事例とその特徴

2.1 子どもの考えの具体的事例

　表1には、小学校第3学年理科から中学校理科に関連する子どもの考えを、その根拠や理由等を添えながら4例ずつ示してあります。

表1　自然の事象に関する子どもの考えの事例 [3]

学年	子どもの考え	その根拠や理由
小3	① 草花を食べる虫なんて、いないよ。	▶ 僕が虫だったら、気持ち悪くて食べない。
	② 毛虫は大きくなっても毛虫のままだよ。	▶ 人間の子どもと同じで、大人の毛虫になる。
	③ 花壇の草花は、私たちを楽しませるためにきれいに咲くんだね。	▶ 花にも、私たちを喜ばせてあげたいという気持ちがあるから。
	④ どんなに暗くても、見ようとすれば物は見えるよ。	▶ 「絶対に見えるぞ！」って思えば、絶対に見える。
小4	① 野原の虫は、遊んでいるだけだよ。	▶ 野原は遊ぶ場所だから。
	② 温めても、五十円玉の大きさは変わらないよ。	▶ 大きさが変わってしまうと、自動販売機で使えないから。
	③ ストーブで温められた空気は、床の上にどんどん溜まっていくよ。	▶ ストーブから、温かい空気が流れ出すからです。
	④ 水蒸気は、目に見えるよ。	▶ 機械だから（水蒸気と清浄機との混同）。だって、見えない物がどうしてあるの？
小5	① うまれたばかりの赤ちゃんメダカは、親メダカから餌をもらうよ。	▶ 人間の赤ちゃんも、お母さんから食べ物をもらうから。
	② 食塩水を顕微鏡で見ると、食塩の粒が見えるよ。	▶ 食塩が細かくなっていて、人の視力では見えないだけ。
	③ 太陽が高くのぼると、気温は下がるよ。	▶ 高くなると、光の届く場所が多くなり、光が薄くなる。
	④ 木の枝や葉が揺れるから、風が吹くんだね。	▶ 揺れると、ザワザワ音がして、その後、風が吹いてくるから。
小6	① 茎はストローのようになっていて、中の穴を水が通るんだよ。	▶ タンポポの茎は、ストローみたいに水が通れるようになっているから。
	② 水に鉄を入れても、水は変化しないよ。	▶ 鉄は錆びるけど、水の方は変化しない。
	③ N極とS極を変えられる磁石なんて、ないよ。	▶ N極とS極が変わったら、方位磁石が変になる。
	④ 陸の生き物の化石は陸で、海の生き物の化石は海底で、見つかるよ。	▶ だって、棲んでいた場所で、死んで化石になるから。
中学	① 肉食動物だって、草を食べなくちゃダメだよ。	▶ 人間と同じように、バランス良く食べないと栄養不足になる。
	② 僕が頭が悪いのは、パパの遺伝だよ。	▶ だって、パパは、「小さな頃に全然勉強しなかった」って言ってたから。
	③ 走っても、月は後からついてくるよ。	▶ ついてくるわけないけど、そう見えちゃう。
	④ 雲は水蒸気でできてるよ。	▶ だから、軽くて、プカプカ浮いていられる。

2.2 子どもの考えの諸特徴

❶ **生物事象に関する子どもの考えの主な特徴**（表1参照）
＜人間のアナロジーの活用＞

　<u>アナロジー</u>（analogy：類推）とは、「Aはpという性質をもっている。→では、Bもpという性質をもっているに違いない。」といった形式の推論法[4]のことを指しています。多くの子ども達の考え方の中には、人間のアナロジーの活用が見受けられます。例えば、人間の食性のアナロジーを活用する子ども（小3の①）は、「人間は草花を食べない。→ では、虫も草花を食べないに違いない。」と推論しています。他にも、人間の成長のアナロジー（小3の②）、子どもの遊び場所のアナロジー（小4の①）、新生児の食性のアナロジー（小5の①）、人間の食性のアナロジー（中学の①）などを挙げることができます。

＜アニミズム的な思考＞

　<u>アニミズム</u>（animism）とは、「無生物や下等動物や植物など、万物にも、人間と同じような意思がある」という考え方のことを指します。学年が上がるにつれて、アニミズム的な思考は徐々に減少しますが、例えば、草花の意思の存在を想定する子ども（小3の③）を挙げることができます。

❷ **物理・化学事象に関する子どもの考えの主な特徴**（表1参照）
＜電動玩具や電化製品などの使用経験に根ざした思考＞

　自動販売機の使用経験に根ざした思考（小4の②）や、ストーブの使用経験に根ざした思考（小4の③）などを挙げることができます。このように、子どもの考えの中には、身の回りの機器の使用経験と密接にかかわっているものが存在します。

＜相互作用の理解の難しさ＞

　例えば、小6の②の子どもは、"鉄が錆びる"ことには気づいていますが、"鉄も水も変化する"ことを理解するまでには至っていません。このように、

物理変化に比べ、化学変化（化学的な相互作用）の理解は大変難しいことが指摘されています。

<人間の感覚能力の過大評価>

小5の②のように、人間の感覚能力の限界に気づいている子どもが認められる一方、学年が低い場合には、人間（自分）の感覚能力を過大評価してしまう傾向（小3の④）もあります。

❸地学事象に関する子どもの考えの主な特徴（表1参照）
<マクロなスケールの空間理解の難しさ>

例えば、小5の③の子どもは、「地球に降り注ぐ日光（太陽光）が平行ではなく、電球の光のように四方八方に放射される。→　だから、太陽が高く昇り高い所から照らすと、たくさんの場所に日光が当たる。」と考えています。また、「植木鉢を、少しでも太陽に近い所に置いた方が、草花はよく育つ」といった子どもの考えの存在も報告されています。このように、地球－月、地球－星までの天文学的距離の理解に、多くの子どもたちが戸惑っているようです。さらに、中学生（中学の③）以降に至っても、天文学的距離に関する実感を伴った理解は大変難しく、大きな課題となっています[5]。

<大気中を循環する水の理解の難しさ>

特に、大気中に存在する水蒸気について理解している子どもは、意外と少ないようです。例えば、視覚不可能であるため水蒸気の存在を否定する子ども（小4の④）を挙げることができます。素朴実在論的理解（外界は自分の目で見え、また感じられるものだ、という考え方に基づく理解）と呼ばれるもので、子どもならではのとらえ方の1つだと言えます。

雲は水蒸気でできていると考えている中学生（中学の④）も相当数存在し、大気中の水循環に対する理解は、思いの外、難しいようです。

3. 科学に対する子どもの眼差し

3.1 科学者に対する子どもたちのイメージ

　内外の多くの子どもたちが、**ステレオタイプ的な科学者像**を抱いていることが指摘されています。「科学者は、白衣を身にまとい、眼鏡をかけ、勤勉で、謙虚で、忍耐強く、真面目で、地道であり、誤りをしでかさず、大発見をもたらす研究者だ」というものであり、いわゆる"ヒーロー（英雄）"や"スーパーマン（超人）"的なイメージです。

　このようなイメージが醸成される原因の一端は、小中学校の理科教科書等に見られる科学者（科学の歴史も含む）に関する記述にあります。具体的には、"俗人離れした、いかにも生真面目そうな印象を与える科学者の肖像画や写真"の掲載、"白衣で実験に取り組む科学者の英姿"の掲載などです。

　また、理科教科書（理科教科書を用いた授業も含む）が子ども達に与える影響については、すでに諸外国においても指摘されています。例えば、ブラッシュ（Brush, S.）は「科学の歴史は、理科授業で取り上げられる"X"そのものになる[6]」と指摘していますし、ウェルズ（Wells, J.）は「大学院修了後も自分は、理科教科書で学んだ大抵のことは、本当であり、明白であり、単純だと信じていた[7]」と回顧しています。

3.2 科学にまつわるミス-コンセプション

　最近、このようなステレオタイプ的な科学者像に検討が加えられるようになりました。例えば、中学校理科教科書にも登場する遺伝学者メンデルに対する記述についての論争であり、歴史的な事実通りにメンデルの生涯が記述されているか否かという本質的問題です（次頁の**表2**参照）。

　このメンデルの論争にもかかわることですが、アルチン（Allchin, D.）は「史実と反するように、科学者やその営為を神格化したり、美化したり、理想化したりして、はしょって綴られてしまった科学の歴史にまつわる物語」の

ことを、**scientific myth-conception**[8]（科学にまつわるミス - コンセプション、直訳すれば、科学にまつわる神話概念）と名付けています。以下、本章では、smcと略記することにします。なお、本章の1.1で紹介した、子どもなりに論理一貫した考えを表す用語 mis-conception（誤概念、ミス - コンセプション）と混同しないように、くれぐれも注意して下さい。

表2　メンデルは理想的なタイプの科学者か[9]

"メンデルの生涯"に関する記述	⇒	ステレオタイプ的な科学者（科学）像
● オーストリアの修道院で働いた	だから科学者は…	謙虚で野心を抱かず、真実を追究する
● 豆を使用した		適切な材料を使用し、研究を設計する
● 自分で豆を数えた		定量的である
● 長年、何世代にもわたり豆を数えた		忍耐強い
● 何千万という多数の豆を数えた		勤勉でよく働く
● 当時の研究者からは無視されるが、後に研究の重要性が知らしめられる		科学的な真実を主張し、偏見を打ち負かし乗り越える
● 何よりもメンデルは正しい		間違いをしでかさない
● 観察している姿（眼鏡と、白いエプロンを身につけているメンデル）		一目でわかる、いわゆる"科学者っぽい姿"をしている

3.3　smcが子どもたちに及ぼす影響－科学の本質を伝えよう－

　仮に、学校理科の中で、史実とは異なった理想化されたsmcが多用されてしまった場合には、アルチン（Allchin,D.）の指摘「自分たちが科学的に意義ある貢献などできるはずないし、科学は才能豊かな天才だけのものだ[10]」というように、科学に対するステレオタイプ的なマイナスイメージを、子どもたちに与えてしまいかねません。

　さらに、smcの中に登場する科学者像（例えば、最善の科学の方法のみを駆使し、単線系で最短の探究の過程を辿り、大発見に至る科学者像）は、試行錯誤によって進展する営みとしての科学本来の姿と大きくかけ離れるものです。

　そのため、学校理科においては、smcの多用を避け、科学者が人間臭く現実的であること、科学は人間臭い努力や労苦であること，及び誤りが付き物

であることが伝わるような科学者（科学史も含む）の記述が必要です。また、秀でた科学者達（ノーベル賞受賞者でさえ）も、長期の試行錯誤や、時には誤りをしでかすことを、極力包み隠さず取り上げていくべきなのです。

―――――――――― 考えてみよう ――――――――――

課題1 あなたが子どもの頃に信じていたこと（子ども時代に抱いていた本音）の中で、自然に関する考えをいくつか挙げてみましょう。次に、その考えが、笑い話と思えるようになった出来事やきっかけも思い出してみましょう。

課題2 理科学習に臨む子どもたちの中には、自分の考えをしっかりもっていない子どもも存在します。このような子どもたちに、自分なりの考えをもたせるには、どうすればよいのでしょうか。

〈参考文献〉
1) Hanson,N.R.『科学的発見のパターン』村上陽一郎訳, p.41, 講談社, 1986
2) Piaget,J.『知能の心理学』波多野完治・滝沢武久訳, みすず書房, 1960
3) 松森靖夫『子どもの本音を知ろう！ 新しい評価法はこれだ―『自然』についての見方・考え方の調査と分析 (全4巻)』学校図書, 2000
4) 松森靖夫「理科授業研究の動向に関する一考察―アナロジーを導入した授業の効果に関する既存研究を中心にして―」日本科学教育学会誌『科学教育研究』Vol.19, No.4, pp.189-201, 1995
5) 松森靖夫「我が国における天文教育の危機的状況―季節変化に対する小学校教員志望学生の認識状態とその変容に基づいて―」日本地学教育学会誌『地学教育』Vol.58, No.4, pp.113-132, 2005
6) Brush,S.：Should the history of science be rated "X"？, *Science*, No.18, pp.1164-1172, 1974
7) Wells,J.：Icon of Evolution, xi, Washington,DC：Regnery, 2000
8) 10) Allchin,D.：Scientific myth-conceptions, *Science Education*, Vol.87, No.3, pp.329-351, 2003
9) 松森靖夫「科学者は、誤りをしでかさない？〜科学にまつわるミス-コンセプション（myth-conception）〜」『楽しい理科授業』Vol.40, No.1, pp.34-35, 明治図書, 2008

第 5 章

各種調査から見た日本の子どもたち

TIMSSやOECD-PISAの国際比較調査の結果を見てみましょう。

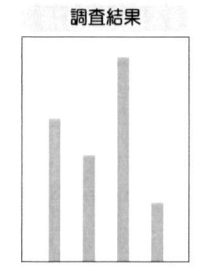

日本の子どもたちの実態はどうなっているのでしょうか。

調査結果から、教育の課題も見えてきます。

では、その課題にどう対処するとよいのでしょうか。
そのヒントを見つけてみましょう。

1. IEA(国際教育到達度評価学会) TIMSSの結果から

　この調査は、一般に「国際算数・数学、理科教育調査」といわれているもので、日本では IEA に加盟している国立教育政策研究所がその任に当たっています。その内容の概略は以下の通りです。

調査のねらい：算数・数学、理科の教育到達度を国際的尺度で測定する。

　　児童・生徒質問紙の内容：理科の活動についての意見、理科の好き嫌い、理科への意識などをたずねる。

理科問題の分類：地学領域、生物領域、物理・化学領域、「環境問題と科学の本質」の領域を含んでいる。

問題の形式：選択肢形式、求答形式（数値や短い解答文）、論述形式（理由や考え方を記述）となっている。

実施時期：最近の TIMSS の調査は、下記の時期に小学校4年生もしくは中学校2年生を対象として実施された。

　ここでは、1995（平成7）年に行われた第3回数学・理科教育調査（TIMSS：日本での対象は小学校3・4年生と中学校2年生）と 1999（平成11）年に行われた第2段階調査（TIMSS-R：日本での対象は中学校2年生）の分析資料に基づいて日本の子どもの1つの側面を紹介します[1),2)]。

1.1 児童生徒の理数への意識

　表1は中学校2年生の理数教科に対する意識の度合いを示したものです。

　これによると、生徒の理数に対する関心、態度、意欲は国際的にやや低く

表1　中学校2年生の理科教育に対する意識（TIMSS：1995）

理数への意識（中2・1995）	数学日本	数学国際平均	理科日本	理科国際平均
学習が好き	53%	68%	56%	73%
勉強が楽しい	46%	65%	53%	73%
それを使う仕事を希望	24%	46%	20%	47%
それは生活に有用	71%	92%	48%	79%

将来理数関係の仕事に就きたいと希望する生徒の割合は大変低いことがわかります[1]。

新学習指導要領の中学校理科の目標には、「自然の事物・現象に進んでかかわり、目的意識をもって観察、実験などを行い、科学的に探究する能力の基礎と態度を育てるとともに自然の事物・現象についての理解を深め、科学的な見方や考え方を養う」とあります。現行のものとの大きな変更点は、「自然に対する関心を高め」が「自然の事物・現象に進んでかかわり」となったことと、「科学的に調べる能力と態度を育てる」が「科学的に探究する能力の基礎と態度を育てる」となったことです[9]。前者のようにこれまで以上に自然と主体的にかかわろうとする態度を前面に出すことにより一層理科の学習が好きになるようアプローチすることを狙っていると考えられます。また、後者では探究する能力の基礎と態度に力点を置いたことは「科学における探究の過程を一層重視すること」とそのことを通して「科学することの真の楽しさ」を味わわせることをも含まれているのでしょう。TIMSS調査での、関心、意欲、態度面での改善を図るために、新しい理科の目標に沿った具体的な実践を工夫しなければなりません。

1.2 日ごろの理科の学習態度

図1は、「理科の学習で良い成績を取るために教科書やノートの内容を覚えることが必要か」についての結果を示したものです。

これによると日本の子どもの「大変必要と必要」の合計が95%以上占めて

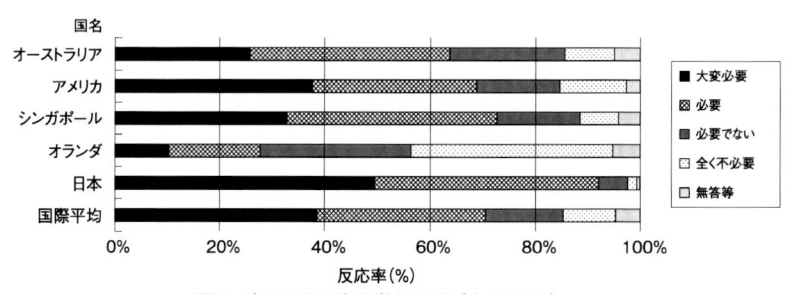

図1 書いてある事を覚えること(小4・1995)

おり、国際平均よりかなり高くなっています[3)4)]。この背景は、単純には言い切れませんが歴史的に儒教の影響などもあって「暗記」することが大切という考え方が強いということでしょうか。新学習指導要領の「実感を伴った理解」を目指すには、観察や実験のあとの「じっくり考える場」を設定することと、「教えること」から「考えること」へ教育の基調の転換を今度こそじっくり考えたいものです。

1.3 理科の学習と日常の事象とのかかわり

次の図2と図3を見て、理科の学習結果を日常生活とのかかわりでとらえているかどうかを考えてみましょう。図2の問題は、「発光していない月が夜見える訳」を、図3の問題は、「化石燃料の成因」をそれぞれ4つの選択肢の中から正しいものを1つ選ぶものです[1)2)]。

日本の小学校では、月が自ら発光することについては学習していませんが、身近な天体である月だからこそ「太陽の光を反射している」程度のことについてはふれてもよいのではないでしょうか。また、中学校で化石燃料が生物

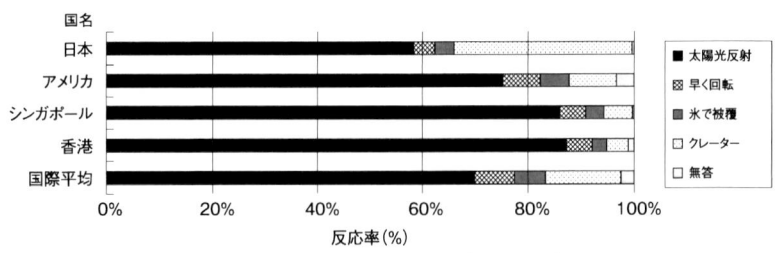

図2 発光してない月が夜見える訳（小4・1995）

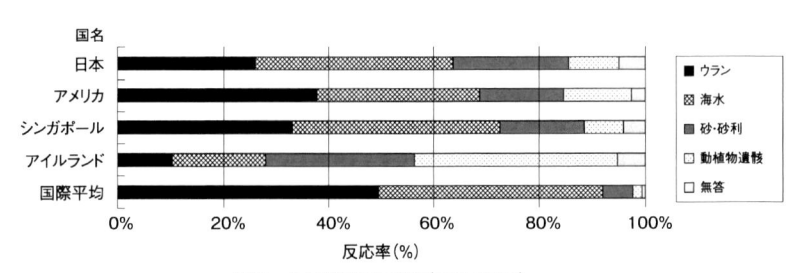

図3 化石燃料の成因（中2・1999）

の遺骸であることは直接学習はしないにしても博物館の学習などを通して標本を観察するだけでも意味があると考えられます。このことはさらに化石燃料の燃焼による二酸化炭素の発生ともかかわり環境問題を考える契機とすることもできるでしょう。子どもは理科の学習は学習のためのものであって日常生活や環境問題を考える際の大切な場としてのとらえ方が希薄になっています。最初の表1で示したように、もっと理科を身近のものとしてとらえられるような指導の工夫をすることが大切なことです。

1.4 科学的な根拠に基づいて理由を述べること

ここでは、科学的な表現にかかわる事例を取り上げてみます。小学校の理科問題の1つに「花子さんの前にも、たろうさんの前にも、同じようなカップに入れたスープがあります。どちらのスープも同じ温度でした。」「どちらのスープの方が長い時間さめないと思いますか。」「また、そのように答えたわけを書きなさい。」という記述式のものがあります。完全正答は、例えば「花子さんのスープ。理由：花子さんのスープは熱が逃げないから」のような解答です。部分正答としては、例えば「花子さんのスープ。理由：花子さんのスープにはふたがしてあったから」のような解答です。図4は主要な国のそれら反応率を示したものです[4]。

図4で完全正答の割合が日本より高い国は、韓国、アメリカ、カナダです。この問題では「ふたがしてあるから熱が逃げない」という科学的な根拠を示すことが大切なのです。日ごろの授業の中で、自分の考えを述べるときその

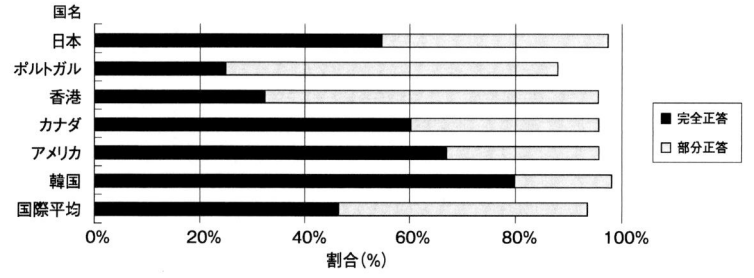

図4 「スープ」完全正答と部分正答の割合(%)(小4・1995)

理由、とりわけ科学的な根拠を示す表現ができるように心がけていきたいものです。

1.5 自然の総合的な見方・考え方に関する課題

　自然の総合的な見方・考え方に関する問題として次のような問題を取り上げてみましょう。（小中とも同じ内容の問題ですがここでは小学校用の問題文を示します。）

「下の図は、広い土地を川が流れているようすをしめしています。この土地は、土、すな、ねん土、どろ、植物の葉などで、できています。」
（1）「この土地が田や畑にむいているわけを1つ書きなさい。」
（2）「この土地が田や畑にむいていないわけを1つ書きなさい。」[2]

　図5から、「農場経営」をするのに適している理由として日本の小学校の子どもは「川が近くに存在すること」を最も多く記述しています。図7から日本の中学校生徒は、小学校の子ども以上に川の存在を多く書いています。このような傾向はほかの国には見られない事柄です。また、「土壌が肥沃である」ことに関してはほかの国では小学生より中学生の方が多くを記述しているのに対して、日本の場合は中学生より小学生の方が多くを記述しています[3)4)]。日本のこのような状況の1つには、国内の河川の河口付近に広大な土地が広がり肥沃な土壌が厚く堆積している様子を観察できるような地理的

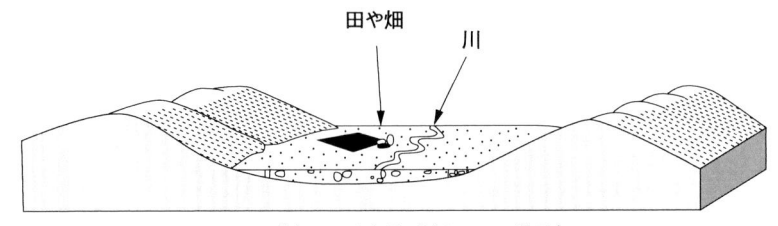

図5　「広い土地を川が流れている様子」
(国立教育研究所(1998)『小学校の算数教育・理科教育の国際比較』国立教育研究所紀要128集pp.315より)[2]

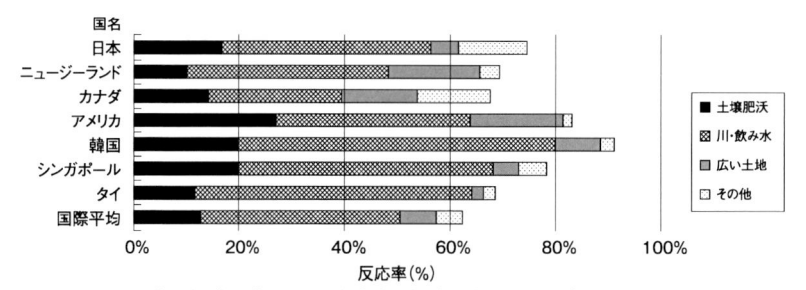

図6 農場経営に適している内容（小学4年生）の反応率（TIMSS:1995）

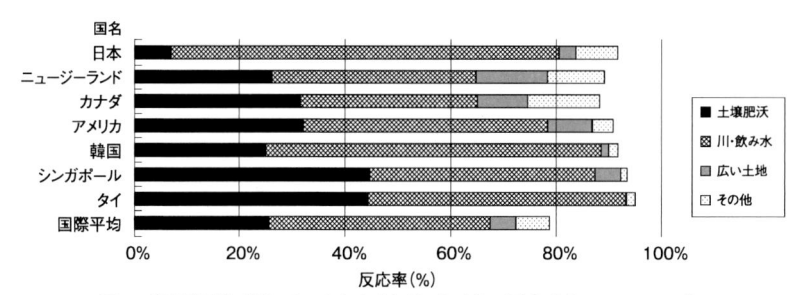

図7 農場経営に適している内容（中学2年生）の反応率（TIMSS:1995）

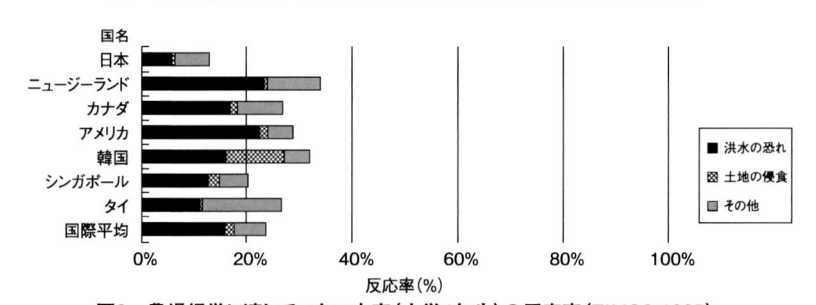

図8 農場経営に適していない内容（小学4年生）の反応率（TIMSS:1995）

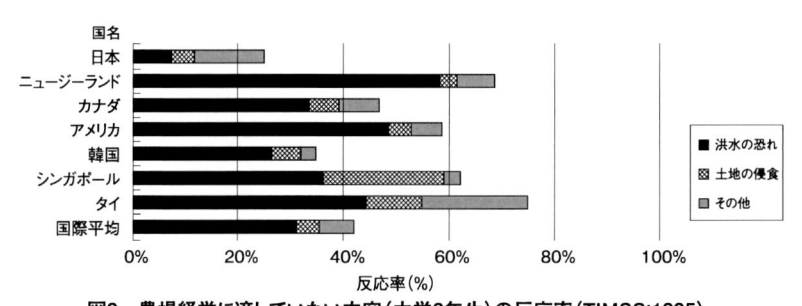

図9 農場経営に適していない内容（中学2年生）の反応率（TIMSS:1995）

環境はほとんど存在しないことが挙げられます。しかし、シンガポールの中学生が「土壌が肥沃である」ことを多く記述しているのは、日ごろの学習の中でグローバルな地理的環境と人間とのかかわりという見方を取り上げているものと考えられます。

　次に「農場経営」に不利な点として、日本の小学生、中学生とも「洪水の恐れ」「土地の侵食」などを記述するものは少なく、「風が強い」「買い物に不便」などを挙げています。それに対してほかの国では、「洪水の恐れ」「土地の侵食」を多く記述しています[3)4)]。河川を単に、景観と川の働きという観点で見るだけでなく気象の変化や人間生活とのかかわりという多面的・総合的な視点から見ることができるようにすることが大切だと思われます。

　別の言い方をすれば、河川という自然を自然の側からだけでなく人間の側から見たり考えたりすることが必要でしょう。

　この不利な点を記述する問題では、日本の小中学生は国際平均と比べて正答率が低いです。なぜこのような状況が起きるのかは簡単には述べられないが、1つには2つ以上のことを記述するような問題は苦手であること、2つには相反する2つのことを問われると「利点」は挙げられるが「不利な点」は挙げられないという点が考えられないでしょうか。前者については、高等学校生徒を対象としたOECD-PISAの記述問題でわが国生徒の無答率が高いものが存在することと関係がありそうです。これも日ごろの学習の仕方と関わる問題であると考えられます。

2. PISA調査の結果から

　この調査は、OECD加盟国と参加を希望する国が共同して国際的に開発した15歳児（日本では高校1年生）を対象とする学習到達度問題で行われました。その調査の概要は以下の通りです。

調査のねらい：義務教育終了段階の15歳児が持っている知識や技能を、生活の様々な場面で直面する課題にどの程度活用できるかを評価していま

す。科学的リテラシーでは、「科学的な疑問を認識すること」「現象を科学的に説明すること」「科学的証拠を用いること」の科学的能力の3領域と科学的リテラシーの4つの側面「状況・文脈」「知識」「能力」「態度」について調査しています[5]。

調査の内容：読解力、数学的リテラシー、科学的リテラシーの3分野について2000年から3年ごとに行われ、2000年は読解力中心、2003年は数学的リテラシー中心、2006年は科学的リテラシーを中心に実施されました。

問題の分類：科学的能力の関する問題、科学的知識カテゴリーに関する問題で構成され、問題形式としては、選択肢形式、求答形式、論述形式などです[5]。

2.1 温室効果の問題から

〈課題文の要約〉

温室効果 ── 事実かフィクションか

　地上の生物は太陽からのエネルギーを得て生活しています。空気のない世界では温度変化は大きいですが、地球の大気は防護カバーの役割をして温度変化を防いでいます。

　太陽からの放射エネルギーは地球の大気を通過し、地球はこのエネルギーの一部を吸収し、一部を地表から放射しています。その放射エネルギーの一部は大気に吸収され地上の平均気温は大気がない場合より高くなるので、これを「温室効果」と呼びます。

　温室効果は20世紀になって一層強まり地球の平均気温は上昇しています。新聞や雑誌には二酸化炭素排出量の増加がこの温暖化の主因だと述べています。

　次に、太郎さんが図書館で見つけた2つのグラフを掲載しています。

　最後に、太郎さんはこれらグラフから地球の平均気温が上昇したのは二酸化炭素排出量が増加したためであるという結論を出しました。

　この問題には以下の3つの問いが設定されています。

図10 二酸化炭素排出量の変化

図11 地球の平均気温の変化

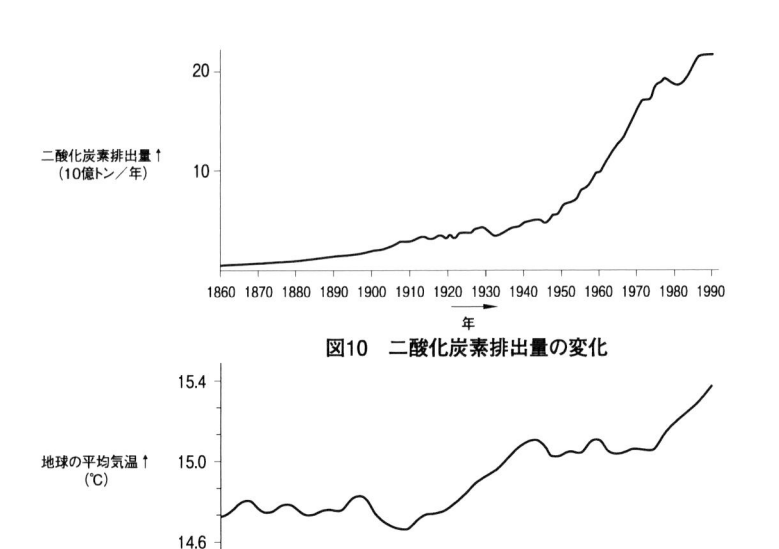

（図10、図11は国立教育政策研究所編『生きるための知識と技能③』ぎょうせい, 2007, p88より）

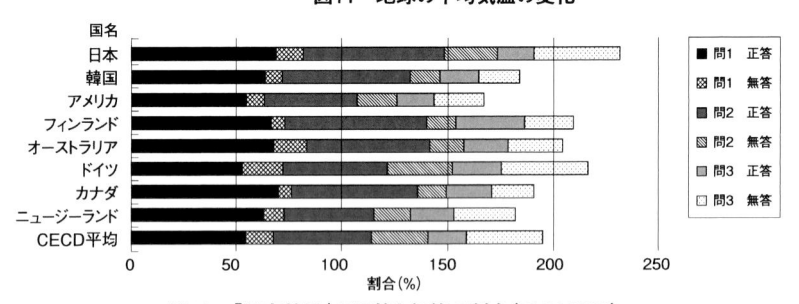

図12 「温室効果」の正答と無答の割合（PISA2006）

【問1】

地球の平均気温が上昇したのは二酸化炭素排出量が増加したためという結論はグラフのどの事柄を根拠にしているか尋ねた記述式の問題です。

正答例としては、気温と二酸化炭素排出量の間の正の相関を挙げているものなどです。正答率はOECD平均が54％であるのに対して日本は69％でした[5)6)]。

【問2】

グラフで上の結論に反する部分を1つ示せという記述式の問題です。

正答例としては、グラフの特定の部分で両者が同時に増加したり同時に減少していないことを指摘しているものなどです。

完全正答のためには2つのグラフを比較し、ここでの結論を批判する能力が要求されます。

両グラフの相違は指摘できるがそれを説明できない場合は部分正答になる。グラフをしっかり読み取る力が求められるのです。日本の無答率は25％で、イタリア、ドイツ、フランスに次いで高く、OECD平均とほぼ同じでした[5]。

【問3】

平均気温の上昇は二酸化炭素排出量の増加のためであるという結論を出す前に、温室効果に影響を及ぼす可能性のある他の要因を1つあげよという記述式の問題です。

正答例としては、太陽からのエネルギーないし放射熱のことを述べて、一つの要因とするものです。これら地球規模での環境問題として「地球温暖化」「オゾン層の破壊」に関しては、日本の中学校理科教科書第2分野の大項目「自然と人間」の中で取り上げています。**問3は高いレベルに属する問題ですが、日本の正答率は18％でOECD平均の19％とほぼ同じです。また、無答率もOECD平均の26％とほぼ同じ25％でした**[5]。

この問題では、2つのグラフを比較検討しながら読み取る力、ほかの人の結論に反論するために2つのグラフの特徴を指摘しかつ深い洞察と分析及び表現力、温室効果に影響を及ぼす可能性がある二酸化炭素以外の要因を考える力などが必要です。先にも述べましたように、ここで無答率が高いことは今後の理科の学習の中で対処しなければならない課題でしょう[6]。

以上、本稿ではTIMSSとOECD-PISAの結果を引用しながら日本の子どもたちの実態やそこに見える課題を指摘して、今後それらにどう対処していくことが大切かを述べてきました。

3. 国際調査の結果を基にした今後の学習へのコメント

3.1 観察結果における科学的表現力を高めること

「温室効果」の問題で2つのグラフの相違点を見つけそれを説明することができない生徒が多いことがわかりました。環境学習では、継続的な観察・観測に基づく複数のデータを比較しそれら類似点や相違点を考察する力が必要です。

このことから身近な自然環境についての観察、測定、データのまとめ、グラフ化など一連の科学的表現に関わる活動を随所で取り上げて子どもの状況に応じた適切な学習を展開することが大切だといえるでしょう。

新学習指導要領（理科）では小・中学校の段階で科学的な見方考え方と関わって観察、関係付け、条件制御、推論、分析・解釈、判断という科学の方法が一層高められるようになっています。このことが形だけのものでなく実際に身に付くものとなるためには基礎的なことは自分自身でやること、そして教師がそのような指導計画をもてるようにしなければなりません。

3.2 日ごろの教育実践で科学的リテラシーを高める場を用意すること

記述式の問題における「無答率」が25%に達する問いがいくつも存在することは、問題の意味が理解できない、興味・関心のなさ、学習意欲の欠如など科学的リテラシーが備わっていないことに一因があるように思われます。

日ごろの教育実践において、例えば知識の獲得と気づき考えることのバランス、科学技術の内容と日常生活とのかかわり合い、学習者に応じた科学技術を学習できる場の設定などについて学校全体、地域社会で考えていくことも大切でしょう。

>>>>>>>>>>>>>>>>>>>>>>>>>>>>>> 考えてみよう <<<<<<<<<<<<<<<<<<<<<<<<<<<<<<

課題1 日本では将来理数関係の仕事に就きたいと希望する生徒の割合が少ないが、このことについて日ごろどのような学習指導の工夫をすればよいだろうか。

課題2 日本ではよい成績をとるためには「書いてあることを覚えること」が大切だと考える子どもが多いが、どの程度のことを覚えることがよいのかを具体的な学習内容についてあげてみよう。

課題3 自然の多面的・総合的な学習のあり方を考える視点や内容について具体的事例をもとに整理してみよう。

課題4 一般的に言われている「学力」とPISAで評価しようとしている「能力」とはどのような違いがあるかを簡単に整理してみよう。

〈参考・引用文献〉

1) 国立教育研究所「中学校の数学教育・理科教育の国際比較」『国立教育研究所紀要127集』pp.154-157／pp.193-204／pp.231-233／pp.265-266, 平成9年3月
2) 国立教育研究所「小学校の算数教育・理科教育の国際比較」『国立教育研究所紀要128集』pp.188-200／pp.227-239／pp.311-315, 平成10年3月
3) 国立教育政策研究所『中学生の理科に関する態度の変容』「理科の学力に関する国際比較研究」研究成果中間報告書（資料1）, pp.78-81, pp.103-112, 2002年3月
4) 国立教育政策研究所『小学生の理科の態度と理科問題への解答状況』「理科の学力に関する国際比較研究」研究成果中間報告書（資料3）, pp.44-56, pp.190-191, pp.207-210, 2003年3月
5) 国立教育政策研究所『生きるための知識と技能3』「OECD生徒の学習到達度調査（PISA）2006年調査国際結果報告書」ぎょうせい, pp.002-0019, pp.034-037, pp.088-094, 2007年12月
6) 下野 洋『PISA 2006の結果に基づいた環境学習の指導のあり方を改善する視点』「岐阜大学教育学部研究報告 自然科学」VOL. 1, 2008年
7) 文部省「小学校学習指導要領解説 理科編」pp.9-17, 平成11年5月
8) 文部省「中学校学習指導要領（平成10年12月）解説 理科編」pp.10-12, 平成11年9月
9) 文部科学省「中学校学習指導要領案」pp.52, 平成20年2月

第 6 章

新学習指導要領下で求められる理科を学ぶ力とは

多様な経験を
つなぐことで、
自然に対する確かな
理解を創り出す。

「理科がわかること」から
「理科のおもしろさ、すばらしさが
感じられること」へと
高めていくことを目指して…。

1. 子どもの学びの原風景
―自然に触れる、感じる、気づく―

1.1 子どもの生活世界と学びの姿

　現代の子ども生活スタイルを見てみると、学校から帰ったら外で遊ぶなどということはどちらかというと少なくて、塾や習い事に多くの時間を割き、それらが生活の中で大きな位置を占める（中学生では、さらにその傾向が顕著になる）といった、いわば過密スケジュールに追われる姿が浮かび上がってきます[1]。しかし、それがおよそ一般的であっても、やはり子どもの生活の中心には「遊び」があり、遊びと感じられる場の中で多様な道具や共に過ごす人達を介しながら、様々な体験や経験と共に多くの情報を得ている[2]というのが、真の姿であるように思います。

　遊びの場に注目するのには、それなりの理由があります。子どもは、遊びの中で、事前に定めた目的に対してというよりは、むしろ自分自身の楽しさを求めて積極的に行動します。遊びの中では、初めて見るものや触れるもの、初めて聞く言葉や表現、新しい行為や振る舞いのかたちなどに出会ったりするものです。そういった少々困難な事態に直面しても、子どもは気にしたり物怖じしたりせず、時にはじっと眺めて自分なりの理解を持ったり、即座にその言葉や行動様式を取り入れ、それに倣う中でさらに遊びに興じていきます。また、その遊びがある程度の時間続いたりすると、自分なりのとらえ方を自信ありげに語るとか、取り入れた言葉や行為のかたちを自分のものとして位置づけ使いこなし、さらに遊びを発展させていったりもします。

　このように、子どもが生き生きと活動する遊びの場では、「楽しいし満足」という情意に支えられながら、象徴的な言葉やひとまとまりの行為のかたちを自己の内面に取り込んでいきます。「そうか、こういうことなんだ！」「こんな風にやればいいんだ！」といった心の声にうながされるように。ここに、子どもの日常生活の中での学びの原風景を見ることが出来るように思います。

例をあげてみます。友達と外遊びをしているときに見つけた石ころの色やかたちが面白いので、自分なりの名前を付けて家に持ち帰り、親や兄弟に見せて自慢したこと。家にあったフェライト磁石の引きつける力を不思議に思い、色々なものにくっつけて遊ぶ中で、「銀色でピカピカした『きんぞく（≒金属）』」ならきっと付くという考えを持ったこと、等々。誰もがこのような遊びの体験に裏打ちされた気づきや理解の記憶を持っているはずです。これらは、夢中になって取り組んだ、いわば身体的な経験を伴って身に付けた1つの知識であり、事象と自分との関係の中で新たな意味を創り出した姿と言えるでしょう。

このように、子どもにとって日常の生活世界は、知らないこと分からないことに出会う（＝適度な新奇性と不可測性が伴う状態の）まさにワンダーランドです。そして、遊びなどを通じて不思議で未知な諸事象に触れ、感じ、気づきを持ち、それを他者と分かち合いながらその子なりの意味を創り出す、それが、子どもの学びの基本であるということです。

1.2 生活世界における子どもの学びの特徴

生活世界の中での子どもの学びを前項のような姿として見るとき、そこに見出すことができる具体的な知識編成の仕組みは、およそ以下の3点に集約できるように思います。

① 様々な身体的経験が基盤となり、それらに支えられそれらに制約を受けながら、対象との関係の中で自分なりの意味を創り出す。

② 自分が保持している知識のネットワークと照合しながら、適度な「分からない感」に触発されて興味・関心を高め探索を進める中で、その知識網の中に取り込もうとする。

③ 自分なりに思ったり考えたりしていることに関して、多様なメディアや他者からの（＝社会や文化の中の）情報と照合を加える中で、意味をより確かにしたり拡げたり、時には誤りに気付いて知識のネットワークを修正したりする。そして、少しずつ「使えるもの」としての知識に高め、一定

の行為様式に熟達していく。

このような知的営みが、様々な出来事や人との関わりという具体的でかつ社会的な文脈にそくして、子どもの内面で創り上げられると考えられます。

日常生活を中心として創られる知識や理解の中で最も注目すべきことは、その場における対象物やその場を共に過ごす人との関係の中で、その場の文脈に縛られながら意味づけをするという点です。遊びなどの場や状況の中で創られる知識や理解は、特定の経験と強く結びついた説明様式、言い換えれば限られた適用範囲に用いられる「状況に閉じた」意味や理解になっていきます。したがって、当然のことながら自然科学が求めるような体系性や論理一貫性、客観性を備えた理解には至らない場合が多く[3]、たとえ科学的に見て妥当な理解を創り上げていても、特定の状況や関係に対して用いる意味として保持されるということが普段に起きてしまうのです。

子どもの学びに注目してきた過去の研究群では、子どもが保持している科学的に見て妥当ではない考えや解釈（例えば、日常知や素朴概念[4]）に目が向けられてきました。しかし、ここで指摘しておきたいのは、それらが科学的に見て妥当かどうかが優先されるのではなく、適用範囲や文脈に制約がある「状況に閉じた」意味や理解であり、それが様々な経験にそくしていくつも存在しているという姿です。そして、最も重要であることは、先に示した知識編成の仕組みに関する3つ目の指摘にあるように、保持している知識等に新たに獲得した知識等をつなぎ合わせる中で、より包括的な理解をつくることが、実は十分できていないという実態であるということです。

このような姿も、子どもの普段の生活を見れば当然のことと言えるのかもしれません。固有の状況を越えて、より一貫した解釈や説明を創り出す必要性や必然性に欠けるのが一般的であるからです。理解の内容に対する正誤の判断だけにこだわりすぎるのではなく、それらを保持している知識等を包括したより広い意味や考え方の編成の実態やその変化といった動的な視点、それらを創り出す上において少なからず影響を与えているだろう彼らの経験的なプロフィールや具体的な状況に目を向けることが重要であることを、ここ

で確認しておきたいと思います。

2. 生活世界での気づきを理科の学びに高める

2.1 学校における理科学習に求められてきたこと

　子どもの生活世界における理解の姿からは、科学的に見て不十分な点が認められる可能性があるにせよ、学びの基本的な骨格とそれを駆動する力の内在について、およそ明示できたように思います。では、基盤とも言える学ぶ力を備えた子どもに対して、学校における理科学習ではどのような力を身に付けさせているのでしょうか。

　従来の理科授業では、**表1**[5]に示すような一連の問題解決プロセスにより、生活世界の中での豊かで自由な気づきや理解を超えたところでの、意図的で目的的な学びと力量形成が目指されます。それらは、およそ以下の3点に整理できるでしょう。

表1　子どもの問いの解決を前提として構想する理科の授業計画

※ この表では、森本・稲垣[5]の授業計画の内容をもとに作成。

授業の局面	具体的な場面	授業の内容
学習の始動	問いの構成	自由あるいは特定の観点から、対象に関する問いを構成させる。
問いに基づく学習の実行	予想や仮説の設定	問いの視点から、結果を予想したり仮説を立てたりして追究の視点をより明確にする。
	予想等を検証するための観察・実験の計画	実際に観察や実験を行う方法を計画する。
	実験・観察の実行	観察や実験を実行する。
	観察・実験結果の検討	結果を記録し、問いや仮説の視点からその結果を検討をする。
	結果からわかることのまとめ	結果から結論を導く。
学習成果についての議論	話し合いや意見交換	観察や実験の結果とそのまとめについて、クラス全員で議論する。
内省あるいは反省的思考	学習の振り返り	一連の学習活動を振り返り、学習内容をとらえ直してみる。

第1に、「問いや課題を構成していく力」です。日常生活において子どもが自然事象に関わる場合、「もの」に対して目が向けられる傾向（＝即物的興味）が多くを占めるといわれます。ものに対する興味や気づきは、そのままでは一過性なものに止まってしまいがちですが、その背後にあるはたらきやメカニズム、他のものとの関係といった、いわゆる「考え」に対する興味・関心に高まる時、真に追究すべき問いが見えてきます。この過程では、教師やクラスメイトの介在が重要な意味を持ちますが、ともあれ追究すべき問いを構成する力は、学校の理科学習で育つ力と言えるように思います。

　第2に、その問いを「一貫して解決していく過程を創り出し、仲間と協働して実際に解決していく力」があるでしょう。追究すべき問いがあるとき、子どもの知りたい、わかりたいという意識に導かれながら、先の**表1**に示した一連の問題解決のプロセスが遂行されます。そこでは、予想や仮説を設定したり、観察・実験の方法を考えたり、結果をもとに結論を導出したりといったその場の状況にそくして、自らのあるいは他者のもつ知識等を引き合いに出しながら、のぞましいと思える1つの解を得てその実行の意志決定をしていく、認知的技能を身につけることをめざしています。

　この問題解決を遂行する力も、理科学習でこそ育つ力と言えるものでしょう。この力には、自分の思いや考えを上手く説明できる心的なモデルを創ったり、他者の意見や解釈のモデルに触れ、それを十分に吟味し価値づけたりする力が包含されていることにも目を向けておくべきです。

　第3に、「学習によって分かったことを整理し自覚する力」をあげておきます。子ども自身による学びの振り返りと自覚という知的操作は、内容の確かな理解に貢献する行為であることは広く知られていますが、さらに日常生活で気に掛かっていたこととの関係なども含んでとらえることに発展していけば、理科学習で学んだ知識が役に立つことを少しずつ実感できるようになります。このような手応え感を味わう中で、整理や振り返りの力を高めることは、学校教育において目的的に育成する力と位置づけるべきものでしょう。

　理科学習における学びの力量形成においては、学校種や年齢の違いに応じ

て目指すレベルや内容が異なるのは当然のことですが、概ね上で述べた力の育成が目指されていると言えるように思います。そして、これらの力は、遊びなど日常生活での知的探索や、それを駆動する力の上に成立していくこと、日常生活レベルでは達し得ない、科学という枠組みにより接近した高度な力に高めていくことが目指されていることを、確認しておきたいと思います。

2.2 新学習指導要領が求める理科を学ぶ力とは

❶言葉と体験を繋ぎ実感を創り出す

前項では、学校における理科学習が、子どもの生活世界での学びの焦点化と高度化を志向していることについて述べてきました。それらを踏まえつつ、ここではさらに、新学習指導要領[6]が目指す学ぶ力を明確にしていくことを試みます。

先の表1で示したように、一貫した子どもの問題解決過程として理科学習を構想する時、そこでは、体験に基づいた直観的な世界と言語で表現され規定される科学的な認識の世界が相互に求め合う姿、言い換えれば体験と言葉が必然的に結びつく学びが実現されます。具体的行為を伴った問いを解決する活動と、そこから導かれる説明様式としての言葉やモデル図等の検討、それらの科学的原理の視点からの吟味といったプロセスは、まさに、体験と言葉が一体化していく姿なのです。このような姿は、単に与えられた科学用語や理論を記憶するような理科学習では、実現できないものです。

従来から理科学習に対しては、体験こそ重視すべきであるという主張や、受験などを理由に科学的知識に重きを置く立場などが存在していました。今回の学習指導要領で注目されるのは、どちらもが十分に育成されるべきものであり、さらにそれら相互の結びつきを重視することが明示されたのであって、まさに「科学的に追究する力」全体を育て高めること目指している点です。体験重視や知識獲得中心に偏りがちであった従来の理科学習に対して、この視点が学習指導の改善、子どもの「科学する力」の育成に明確な示唆を与えるように思います。そして、この力は、日常生活における「体験に基づ

き主体的に学ぶ力」と、理科学習における「問いを追究し解決していく力」の統合に加え、科学の枠組みを子ども個人の内面に確かに位置づけていくという、さらに一歩踏み込んだ力量形成のレベルを目指していることにも注目すべきでしょう。

❷実験・観察の結果をもとに考察し表現する力

　新学習指導要領が注目したもう一つの視点に、表現活動を介在させながら「結果をもとに考察する力」をあげることができます。遊びなどに象徴される子どもの生活経験においても、いわゆる因果の関係を導き出すことは十分あり得ることです。しかし、それが科学の枠組みに沿った関係の導出であったかどうかは、当然のことながら十分に吟味できていないのでしょう。

　理科学習においては、科学的な追究と解明が求められる点で、既有の知識や新たな情報等を参照しつつ、子ども自身が結果をもとに考え結論を出すことは当然のことであるはずです。しかし、実際にはこの力が十分に育成できていないという現状があって、今回の改訂にあたって組み入れられたという経緯があります。

　例えば、中学校理科第１分野「物質の状態変化」の学習では、物質がその性質を変えないままに、温度に応じて固体、液体、気体という３つの状態に変化することを学びますが、この学習では、温度変化に伴った物質の体積の増減、状態変化の際の温度変化の停滞傾向などの実験結果をもとに、物質の姿をミクロな視点での粒子として考察し、その原理を結論づけていきます。この単元の学習を、固体・液体・気体の相変化が起きる時の特徴や、体積変化と温度の関係などを理解（≒記憶）させることとして取り組ませるのであれば、「結果をもとに考察する力」はおそらく育まれないでしょう。ここで目指すのは、実験結果としての体積変化やそれを引き起こす温度（＝エネルギーの授受）を、粒子のモデルを利用して説明（考察）していくことで、物質の状態変化とは何か、どんな事が起きているのかを子ども自身が考えて結論を導くことであるはずです。

　この例が示すように、結果という具体的証拠に基づいて思考し結論を導き

出すことは、結論を知らない子どもにとって容易なことではありません。物質の状態を粒子を用いてどう考え説明するのか、実験の結果を反映させた説明とはどのようなものなのかなど、これらの課題を一度に独力で解決しつつその力を身に付けることは、簡単なことではないはずです。この力の育成に関して今取り組まれている具体的な支援の手だては、現時点での考えや思いや説明を何らかのかたちで表現させることです。すなわち、考察する力を高めるためにまずは表現する力を高め、表現されたものを介して他者と協同して考察していくプロセスを実現し、その中で子ども一人ひとりの考察する力の育成を目指すということになるでしょうか。

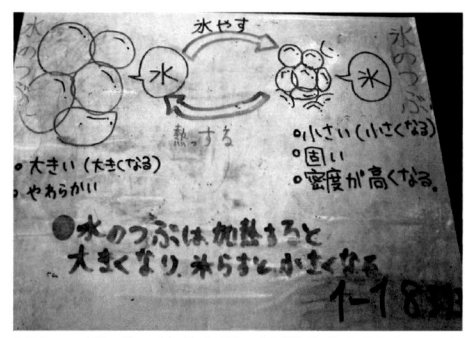

写真1 「個体―液体」間の状態変化を説明しようとしたホワイトボードの記述

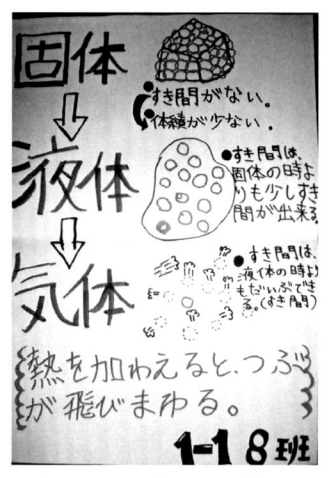

写真2 単元の学習の最終段階における物質の状態変化の説明
※変化があきらかになるように、同じ班の記録とした[7]

表現のあり方も子どもの実態や事象に応じて多様であるべきでしょう。行為としての表現、写真1、2のようなイメージやモデルとしての表現、言葉による表現など[8]多様なかたちが承認されることが、考察する力の伸張に寄与できると思います。

　ここまでの内容を総括すると、新学習指導要領では、従来の理科授業で育成を目指してきた思考力や表現力を、今まで以上に科学的な見地から重点的かつ包括的に育成することをねらったものです。それは、これからの時代に生きる子どもの科学的な能力としてその必要が叫ばれている、科学的リテラシー[9]やコンピテンシーの育成[10]と符合するといってよいでしょう。本稿

で述べてきた子どもの科学を学ぶ力は、それらの視点から見れば、ごく一部分に言及したに過ぎないのかも知れません。しかし、日常生活から学校教育における理科学習までをトータルに眺め、その特性を踏まえた育成と向上を目指す立場は、新学習指導要領で重視し、その育成を目指す「科学を学ぶ力」を確かに高めていく1つの視座となり得るように思います。

3. 子ども個人の学ぶ力を支える教室文化の醸成

　子どもの理解の科学的な側面がより強調される傾向が見いだされる新学習指導要領ですが、それらの育成に対しては、個人が身につける力の要素や側面に分解してとらえていくというアプローチだけでなく、子ども個人が育つ中でかかわり方を変えていく、周囲の学習環境の変化やその発展にも目を向けるべきでしょう。なぜなら、子ども個人の学ぶ力は、それだけが単独で存在したり育成されたりするものではなく、子どもを取り巻く環境や風土に支えられたもので、それらとは切り離しがたい関係を持っているものであるはずだからです。そして、子どもは周りの環境や仲間に働きかける中で、「科学する個人になっていく」とともに、仲間もより科学に親和性をもった集団へと変わっていくという、相互発展的変化が見いだされるのです。学校の理科授業を前提とすれば、子どもの学ぶ力の向上は、教師の巧みな導きや具体的手だての総体であるいわゆるよい授業だけによるものではありません。教室環境や教室全体の雰囲気、クラスメイトとの関係性などにも影響を受けているのです。(多くの場合、教師は授業実践とともにこの雰囲気や風土づくりも行っています。)

　教室内の学びに関する雰囲気や風土を総称し、「文化」として意味づける時、新しい内容を知ることを大事にしたり分からないことを追究しようとする雰囲気、自分を含めて皆が参加することが大切であるという風土の高まりは、「科学することを尊重する文化[11］」が教室に成立したことを意味します。このような文化の成立と醸成は、科学的な追究や探索が相互に奨励されたり、子どもが問い、考え、確かめ、伝えることが普段にかつ自由に行われるとか、

それらのスタイルに子ども自身、あるいは教室全体が慣れてくるという変化（熟達化といえる姿）などから見出すことができるように思います。逆にそのような文化が十分に育っていない教室では、実験などを前向きに取り組むことや理由を考えること、説明すること自体にしらけてしまうといった反応が見られたりもするのです。

このように、「科学することを尊重する文化」の成立は、子ども個人の学ぶ力の発展に大きく影響を与えるものであり、さらに、文化に触発された学校での学びは、子ども個人の日常生活における事象への関わり方や学び方自体をも少しずつ変えていく、すなわち、学校の学びが日常生活へと還っていくことが期待されるのです。このようなことまでを思い描くとき、教師と子どもが科学することを尊重する教室文化の成立を共に目指そうとすることは、大いに意味あることであるように思われます。

このような主張も、理科授業実践との関係が見え難いなど、まだまだ具体性に乏しい部分があります。しかし、ここまでの議論から先の文化成立に対する1つの視点を見いだすならば、子ども一人ひとりの科学概念や科学的知識の「理解」という、一時的・置換的変化としてのとらえから、「熟達」という長期的・連続的変化が、先の教室文化を創り出し、または下支えしているのではないかということです。「教室における科学することを尊重する文化」と「熟達化として見る子どもの科学の学び」という視座は、これからの理科学習における学びを考えていくための、1つの検討材料を提供するものであるように思います。

───────── 考えてみよう ─────────

課題1 特定の場面や状況の中で生み出される、子どもなりの自然事象に対する説明様式を、例をあげながら説明してみよう。

課題2 実験・観察の結果を「子どもが」考察していくための手立てについて、具体例をあげながら検討してみよう。

〈引用文献〉

1) 深谷昌志『いま、子どもの放課後はどうなっているのか』pp.14-16, 北大路書房, 2006
2) 佐伯胖『『学び』を問い続けて ―授業改革の原点―』pp.315-323, 小学館, 2003
3) 森本信也『子どもの論理と科学の論理を結ぶ理科授業の条件』pp.9-16, 東洋館出版社, 1993
4) 日常知や素朴概念に関して言及されているものは多数あるが、その一例としてここでは以下の文献をあげておきたい。
   ・西川純「日常知・学校知」武村重和, 秋山幹雄編『『理科』重要用語300の基礎知識』所収, p.170, 明治図書, 2000
   ・堀哲夫 他「素朴概念から見た学びの構造」日本理科教育学会編『理科ハンドブックⅠ『これからの理科授業実線への提案』』所収, pp.12-15, 東洋館出版社, 2002
5) 森本信也・稲垣成哲編著『理科における授業研究の進め方』p.42, 東洋館出版社, 1999
6) 文部科学省『小学校学習指導要領解説 理科編』pp.1-6, 2008
7) 加藤圭司, 小林隆太郎, 中村桂嗣「考えの外化と相互作用による子どもの科学概念構築に関する研究」平成17～18年度科学研究費補助金研究成果報告書（代表 加藤圭司）pp.19-51, 2007
8) 森本信也「理科において『考察』の苦手な子どもへの指導の視点」日本理科教育学会編『理科の教育』vol.56, No.11, pp.4-7, 2007
9) 国立教育政策研究所（監訳）「PISA2006調査 評価の枠組み」ぎょうせい, 2007
10) 中山迅「子どもが観察・実験の結果から結論を導くことのできる理科授業」日本理科教育学会編『理科の教育』vol.56, No.11, pp.8-11, 2007
11) 無藤隆編著『理科大好き！の子どもを育てる 心理学・脳科学者からの提言』pp.29-31, 北大路書房, 2008
※ 上記文献では、「学びを尊重する文化」という表現で同様の趣旨が言及されているが、本稿では理科学習に焦点化する意図をより強める意味から「科学すること」を追加している。

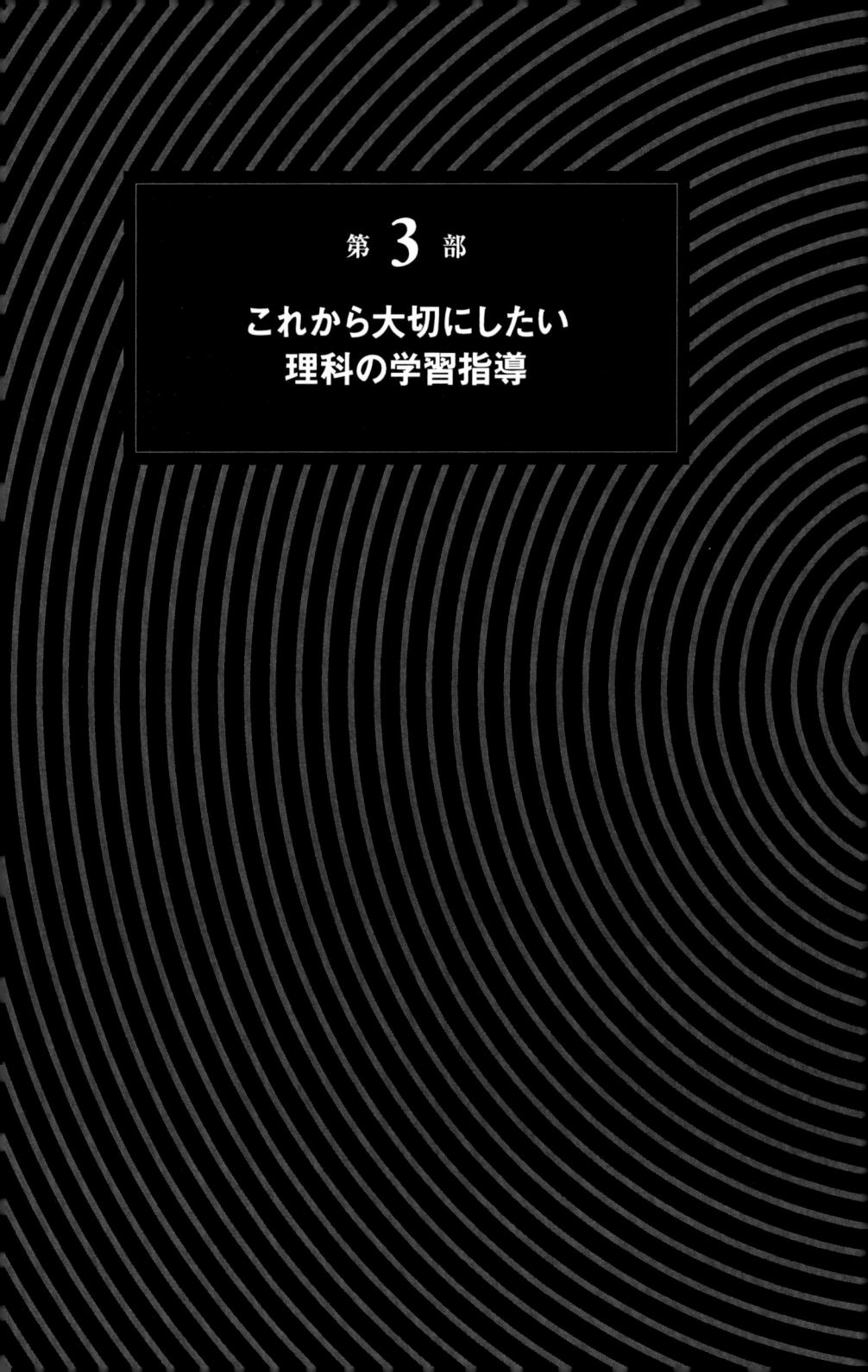

第 3 部
これから大切にしたい理科の学習指導

第 7 章

実生活と結びつく学習の構成法

学校

生活で感じる **?** や **!** を

授業で考えたり実験したりして

また生活で生かす

生活

1. 理科はなんのために学ぶのか

　みなさんは、なんのために理科の学習をしてきたでしょう？　大学生に聞くと、「なんのため、などと考えたこともない」という人がいます。即座に「受験のため」と答える人もいます。日本の子どもたちは、理科だけでなく、勉強すること＝受験のためと割り切っているようにも思えます。

　しかし、学校を卒業してからの実生活においてこそ、理科の学習が生きてこなくてはしかたがありません。科学技術が発展し、持続可能な発展が求められる国際社会においては、与えられた知識を覚えているだけでは不十分で、実生活で起こる様々な問題と向き合い解決していこうとするための幅広い力を身につけることが求められているのです。平成20年1月に示された学習指導要領改訂の趣旨でも「理科を学ぶことの意義や有用性を実感する機会をもたせ、科学への関心を高める観点から、実社会・実生活との関連を重視する内容を充実する方向で改善を図る。」と示されています[1]。

1.1　実生活と理科学習とのつながり

　ノーベル化学賞受賞者の白川英樹さんは、「自然に恵まれた高山で育ち、子どものころは野山をかけまわり、小鳥や昆虫の様子を飽かず眺めたり、ふろ焚きの手伝いの合い間にいろいろなものを燃やしてみたりしたことが、化学への興味をもつきっかけだった」と語っています[2]。多くの科学者たちも、自分が科学への興味をもったきっかけとして、子どもの頃の家の手伝いや遊びなど、日常生活のなかで出会ったことを挙げています。

　白川さんは、「自然の営み、とりわけ生命の営みはすべて化学反応の結果であるといってもいい過ぎではない。しかし、化学反応そのものはいくら自然に親しんだとしても目の前で手に取るようには起こってくれない。したがって、化学に出会う初めての機会は極めて限られていて、それは小学校での理科の授業や実験であろう。幸い私の場合は学校での学習と並行して、家庭でもいろいろと体験することが多かった。…(中略)…ふろ焚きは火をつけさえ

すればあとは燃えるにまかせるだけで時間がたっぷりあった。その暇つぶしにいろいろないたずらができて、それが楽しかった。新聞紙に食塩水を染み込ませてくべると黄色い炎がでて、教科書かなにかで読んだ＜炎色反応＞が体験できた。」とも語っています。

　放課後や休日に家庭や社会で自然の中で思い切り遊んだり、ものをいじったりして、様々な不思議に出合う。学校で理科を習うとそれらの体験が結びついて、「なるほど」「ああ、そういうことだったのか」と思う。あるいは、生活の中で「これだったんだね！」「そうか、こうすればよかったんだ」というように授業で得た学びを生かす場面をつくることで、理科の授業が教室だけのものではなく、生きる自分とつながってくるのです。

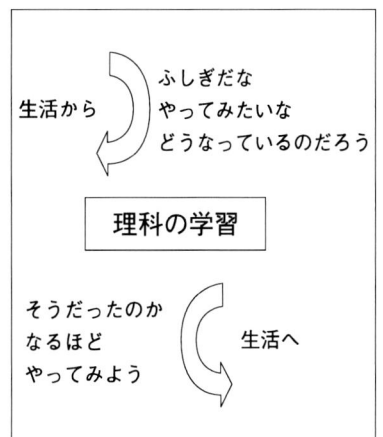

　しかし、今の子どもたちはこうした実体験がなかなか得られないのも現実です。遊びも野山や自然より室内でのゲームやおもちゃとなり、そのおもちゃもしかけはIC回路のものが多く、分解してしくみを見たり工夫して作り変えたりすることもなかなかできません。お風呂はスイッチ1つで適温になり、火を使わないキッチンも増えてきました。こうした環境の中では理科と実生活はどんどん離れていってもしかたがないのでしょうか？

1.2　今、求められている科学的リテラシーとは

　最近、科学的リテラシーやキーコンピテンシーということばが聞かれるようになってきました。2006年のPISA調査でも、科学的リテラシーを定義する枠組みが示されました[3]。それは、科学的な知識や科学とはどういうものかという知識、生活の様々な場面（状況）に知識を適用して現象を科学的に説明したり問題を解決したりする能力、科学への関心や責任・行動も含む

態度などが含まれます。文科省が示す「生きる力」もこれと通じる考え方です。

現在起こっている様々な問題は、地球温暖化、核燃料を始めとする様々な廃棄物、遺伝子組み換え、クローンの問題など、これまで人類が経験してこなかったものばかりです。こうした問題を解決するための科学的な判断は、専門家に任せればよいと思う人もいるかもしれません。しかし、ごみ処理場にしても原子力発電所にしても、今は自分の家の近所になくても非常にかかわりが深いのです。食の安全やエネルギーなど毎日の生活に欠かすことのできない問題です。もし、それらの問題の意味もわからず、判断することもできなければ、言われたことを信じるしかなく、結局は自分たちの生活の安全性まで脅かされてしまうかもしれません。例えば、ダム建設賛成候補反対候補のどちらに投票するかといった判断から、どんな商品を買うかといった毎日の生活での判断や行動など、様々な場面で一人ひとりの判断と責任が問われています。ただ知識や法則を覚えるだけではなく、科学的な考え方や判断するために情報を科学的に読み取る力が必要になってくるのです。

1.3 理科の学習において重要なことは

先ほど紹介したPISA調査内で行われた授業のスタイルに関する生徒への質問調査では「先生は、科学の考えが実生活に密接に関わっていることを解説してくれる」と回答した割合は19%でした（OECD平均46%）[4]。他にも、「理科で学んだ考え方を日常生活で応用する」といった視点の授業が日本は非常に少ないことがわかりました。

教員をめざす大学生は自分が受けた理科の学習をどう感じていたでしょう。

・習ったことが将来役に立つのか疑問だった。
・受け身の授業が多く、実際に自分の生活と関連して考えることはほとんどなかった。
・テストの点数をとるのは得意だったが楽しいと感じたり役に立つと思ったことはない。
・受験勉強のためにやっていた。実験も、言われたことをやっているだけだった。すでに答えが教科書に書いてあるのに、なんのために実験するのかわからなかった。

しかし同時にこんな意見も寄せてくれた人もいます。

・あたりまえだと思った現象も、理科で説明されるということがおもしろかった。
・星座の勉強は、今も夜空を見ると何座かわかるので楽しかったのだと思う。
・遺伝の理論を学習した時は、私たちの生活にかかわっていると強く感じた。

やはり、自分たちの実生活にかかわっていると感じることで理科への関心も高まるといえるでしょう。

2. 実生活と関連した理科授業の実際

学習の導入では、これまでの生活や経験を思い出させたり、関連するものを見せたりすることができるでしょう。単元の発展として、実生活で利用されているものを紹介するだけでも、子どもたちは理科で習ったことが生活と結びついていると感じることができます。

2.1 学習の導入や事象提示の場面で、生活との関連をはかる

学習の導入は、子どもたちに関心をもたせ、学習意欲を喚起する大事な場面です。教科書でも、リサイクルで集められた金属の中から鉄だけを取り出す大きな電磁石のクレーンや台風で起きた洪水など、実生活から考えるヒントとなる写真がみられます。右の写真は、ビルの13階に重い柱を持ち上げているクレーンです。クレーンの下にはバランスをとるための大きなおもりがついています。

2.2 日常にあるものの中から、学習素材を選んで取り入れる

6年生「水溶液の性質」では、家庭からお酢やレモンなどを持ってきて、酸

性かアルカリ性かを調べてみたり、ムラサキキャベツの試験液を作ってみたりします。ナスでも試験液が作れるかな？などと関心も広がるでしょう。

アルミホイルの箱には、「酸性のものを包まないでください」という注意書きがあります。昔、アルマイト（アルミニウムの表面を加工したもの）のお弁当箱に穴があいた、という話を聞きます。毎日入れる梅干しの酸で溶けてしまったというのです。「酸はほかの金属も溶かすのかな？」「アルミホイルにも酸をたらしてみたいな」など、子どもたちの疑問を引き出すことができます。

トイレ用洗剤に書かれている「まぜるな危険」という表示も、酸素系と塩素系の洗剤を混ぜて使ったために有毒な塩素ガスが発生した事故がきっかけで表示されるようになったそうです。こうした事例からは、水溶液の学習をすることの意味を考えさせることができるでしょう。

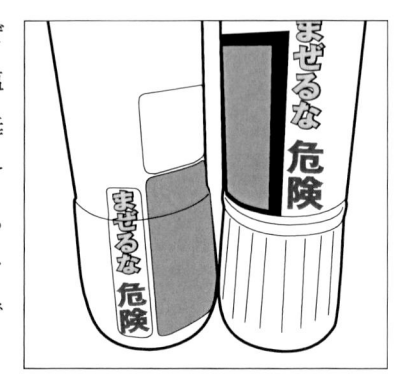

2.3 理科で得た知識や法則を生活の中から見つけ出す

てこやてんびんは、植木ばさみやくぎぬきなど様々な道具に利用されています。パン屋さんや肉屋さんでは、大きなさおばかりを使っているところもあります。また、厚い紙を切るにははさみのどこの部分で切るといいか調べてみたり、ドアの取っ手を弱い力で開けられるような介護補助用品などを使わせてみることも、てこの力を実感するよい機会です。阪神淡路大震災で、てこの原理で重いがれきを動かして多くの人の命を救ったエピソードなどは生きた知識と言えるでしょう。

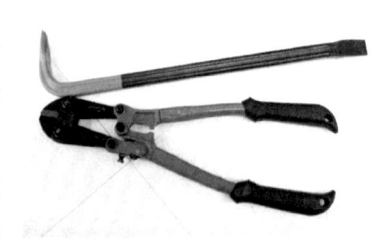

教室にある水槽の水は、毎日どれくらい蒸発しているのでしょう？　1ヶ月もほっておくと、かなり水位が下がっていることがわかります。掃除用のぞうきんも、晴れた日なら2、3日で乾きます。雨の日だったらどうでしょう？　今までは何気なく見ていた現象も、水の三態の学習をした後では、水の状態変化の様子をイメージしながら実感をもって現象をとらえることができるようになります。海水から塩をとりだす塩田の様子の写真なども、優れた教材として活用できるでしょう。

2.4 理科で学んだことを他の教科や学校行事で活用する

　楽しみにしていた理科の学習が始まる3年生では、温度計、虫眼鏡、方位磁針など使い方を学んだらさっそく使ってみたくなるものです。教室においてすぐに使えるようにすることで、自分から活用し始めます。日直が毎日気温を測って学級日誌に書いたり、水泳ができるか気温を調べたり、学んだ技能やスキルを使って自分の世界を広げていってほしいものです。

　5年生の天気の学習は、毎日の生活に結びついた単元といえるでしょう。遠足の前などに、学年の廊下に天気予報掲示板を作り、

> A予報士：前線が近づいている。この前線が通り抜ければ遠足は晴れるでしょう。
> B予報士：今雲が西から動いている。西の空が明るいから明日は晴れるでしょう。

など、理科で学んだことを生かして予報したり議論したりすることで、遠足への期待とともに天気への関心も高まってきます。

3. 実践例「無人島で発電しよう」
（6年生　全14時間）

　単元の中でのちょっとした工夫だけでなく、単元全体で実生活と結びつけた学習もできるでしょう。1つの事例を紹介します[4]。

　この実践は、6年生3学期「人のくらしと環境」と「電流のはたらき」の発展として位置づけました。単元のねらいは、問題解決の過程で発電を実際に

体験することにより、電気やエネルギーが自然から作られるものであることを実感しながら理解し、自分の生活と自然環境のかかわりについて考えることです。今の子どもたちにとって電気とは、電池やコンセントから自然に出てくる、あるのがあたりまえの存在です。その電気を「自分たちで作る」という体験は、電気やエネルギーに対する見方を変えることにつながると思ったのです。

3.1 実験の課題

子どもたちが取り組む課題は、「今の便利な生活ができなくなって無人島に流れ着いたことにして、島の自然のものを使って発電しよう」というものでした。子どもたちに電球とモーターを一人ひとつずつ渡し、モーターを回して電気を起こし、電球に明かりをつけるのが課題です。「どんな方法でもよいから、電球に明かりがつけばよい。基本的には島の自然を使うが、既存の材料や道具などを使った場合には、もしも島だったらどうするかを示す。発電に成功したら、電力会社の社長になったつもりで宣伝ポスターやビデオなどを作って発表し、お互いに住民役になって聞き合う」ことにしました。

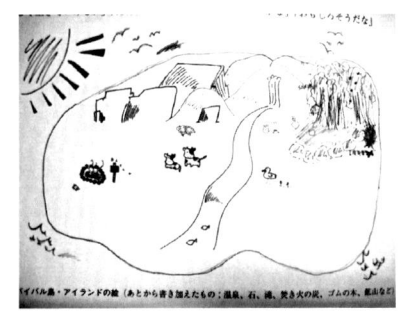

始めに送風器を使って、モーターを回転させれば電気が起きることを教師が演示して見せました。すると「糸でもできるかもしれないよ」「水力発電をやってみたいな」など、わくわくしてきたようです。校庭を歩き回って身の回りの自然の中からヒントを探したり、実験室の中のものをあれこれ触ってみたり、本やインターネットで自分たちが普段使っている電気の作られ方を調べたり、その子なりの探究活動が始まりました。

3.2 子どもたちの学びの姿

「なんでも試してみて柔軟な発想が飛び出す」

❶校庭を歩きまわり、エネルギー源として自然を見つめなおす

　壊れたホースリールに目をとめた宏たちは、「これも回るよね」「使えるかも」と教室に持ち込み、小さなモーターを押しつけて取っ手をぐるぐる回し「手回し人力発電」を考えました。モーターに糸をまきつけて手でひっぱり、一番最初に光らせることに成功した恵美たち、「手でひっぱってもせいぜい50センチくらい」「もっと長く糸を伸ばすにはどうしたらいいの？」と、理科室を出てヒント探しが始まりました。糸を結びつけた石を2階から下に向かって投げることを思いついて、石ころ発電所となりました。

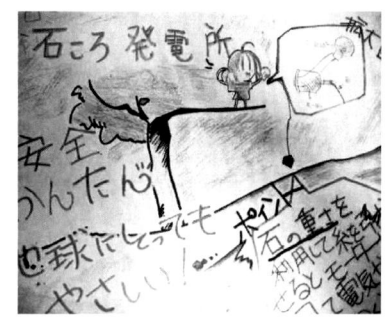

❷身近な現象を見つめなおす

　英子たちは、「セーターがばちっていったので、あれ？これも電気かな？と思った」ことからヒントを得ました。資料を探し、プラスチックカップを重ねたり、水を入れたりして様々な方法で試した末に、インターネットから高校の科学部のホームページにたどり着き成功させることができました。

　本を参考にアルミ皿電池に取り組んでいた明たちは、「本物の海水でやってみたい」と言い出しました。食塩水の濃さに着目し、海水をどれだけ煮詰めればよいか計算し「発電は最初簡単だと思っていたが、とても大変なことだ。備長炭 → 木、塩 → 海水、紙 → 木、アルミ → 鉱山でできる」と考えました。

　発明の大好きな四郎が、授業のない日に理科室に飛び込んできました。「先生、見てみて！」と手に持ったのはぶんぶんゴマ。ブーンブーンと回るたびに、明かりがついたり消えたりしました。授業まで待ちきれなかったのです。

❸本物と自分たちの学習をつなげていく

アメリカ滞在中に、本物の大きな風車が並ぶ風景を見た明子は、「今、世界(デンマークやドイツ)では、風力発電が行われている」ことから、自分たちで初めて風車を作って挑戦しました。「風力発電をやってみて、ちょっと身近に感じるようになった。今、環境問題がたくさんある中で、この風力発電を役立ててほしい。」と書いています。

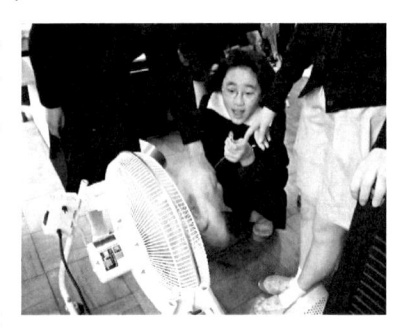

❹電力会社と住民になってみる

子どもたちは何度も失敗や工夫を繰り返して、電気を作ることがどんなに大変なのか実感していきました。電気の通り道やショート回路のこと、風を受ける羽根の向きや大きさ、食塩水の濃さと反応の強さ、ギアを使うと回転数が変わるなど、様々な科学的な法則に迫っていきました。毎回のノートには、困ったことや次に用意してほしいものとともに「電気を作るってこんなに大変だった」「自然には力があるなあ」と書かれるようになりました。

プレゼンテーションでは、宣伝ビデオやポスターなどで自分の方法をアピールしました。そこでは、「環境破壊なし」「リサイクル可能」などの宣伝文句や、「ご利用をお待ちしております。」「回す人募集中」など、自分たちの試行錯誤の末のことばやイラストが楽しく並んでいます。

3.3 問題解決学習を通して実感を伴った力が育つ

最後の学習感想では、「身近にあるもの、レモンや炭で電気が作れるとは思わなかったです。しかも本当に自分の身の回りにあるものばかりで本当に

ついたとき、本当に本当におどろいた。」「飲んでいたジュースのペットボトル、川から流れてきたゴミという設定で、身近な材料を工夫するだけで理科実験ができるとわかった。できたとき友達が『見せて』『すごーい』と言ってくれたとき、本当にできたんだと改めて思い、感動した。」など、身近なものや自然を見つめなおした喜び、自分たちで課題を解決した満足感を得ていることが伺えます。また、「明かりがつかない」と悩む友達に「電流計を使って、少しでも動けば、チャンスがあるよ」と助言したり、成功した友達のものを見せてもらって違いを確認したりする姿は、科学的な問題解決の考え方と言えるでしょう。

　こうしてみると、試行錯誤や失敗を乗り越える学習の過程で、知識内容や科学的に追求する力だけではなく、探究する楽しさや、取り組みの粘り強さなどの意欲や態度も育てていることがわかります。さらに、実感を伴った環境への思い、自然の尊さや巧みさへの気づきも生まれています。

4. まとめ

　実生活における現象や道具などと理科で学ぶ知識や概念を意図的につなぐことによって、科学を学ぶ意味や有用感などを実感することができるでしょう。と同時に理科の授業そのものが、探究する楽しさや科学的な問題解決を味わう場となることによって、科学的な思考力や態度として身につき、実生活にもつながっていくと願っています。

━━━━━━━━━━━━━━━━ 考えてみよう ━━━━━━━━━━━━━━━━

課題1　自分の子どものころの経験を思い出し、理科につながる経験を考えてみましょう。

課題2　単元を1つ決めて、生活経験や身の回りの道具などから導入する計画をたててみましょう。

課題3　最近の新聞記事にある社会問題の中から、小中学校の理科の授業につながる話題を探し出し、授業に取り上げる方法を考えてみましょう。

〈参考文献〉
1) 文部科学省「学習指導要領改訂の趣旨」2008.1.17
2) 白川英樹「化学と私」朝日新聞, 2000.11.01
3) 国立教育政策研究所『PISA2006年調査評価の枠組み— OECD生徒の学習到達度調査』ぎょうせい, 2007
4) 国立教育政策研究所『生きるための知識と技能③— OECD生徒の学習到達度調査（PISA）2006年調査国際結果報告書』ぎょうせい, 2007
5) 石井恭子「課題解決型環境学習の取り組み"無人島で電気をつくろう"の実践から」『お茶の水女子大学附属小学校研究紀要第10集』pp.1-19, 2001

第 8 章

観察・実験の授業への位置づけ方

1. 授業展開と観察・実験の役割

　観察・実験は、理科授業に不可欠なものです。しかし、観察・実験を重視するあまり、観察・実験を行うこと自体が目的になっている授業も見受けられます。「今日は○○の実験をします」という言葉ではじまる授業がこれです。

　授業で最も大切なことは、観察・実験を行うことではなく、授業の目的を達成することです。そのための方法の1つとして、観察・実験があるのです。目的達成のために、観察・実験はどのような役割を担うのかを意識して、授業展開を検討する必要があります。

　理科の授業展開は、帰納法と演繹法に大別できます。どちらの展開に位置づけるかによって、観察・実験の役割は違ってきます。

　帰納法とは、観察・実験で得られた個々の具体的事象から、一般的な原理や法則を導き出す（発見する）方法です。この方法による学習は、帰納法的発見学習とも呼ばれています。

　それに対して、演繹法は、前提とする原理や法則から導き出される結論を、観察・実験を通して検証する方法です。前提とする原理や法則は、授業では教師が与える場合（理解させたい法則など）と子どもがつくりだす場合（課題解決のための仮説など）があります。

　小学校第5学年の「植物の成長と日光との関係」の授業を例にして、帰納法の展開、演繹法の展開を考えてみます。

　帰納法の場合、本時の目的である、植物の成長と日光との関係を調べることを伝えた後、個人やグループで校庭の植物を観察し、観察結果を発表するように指示します。発表で集められた観察結果を黒板に示しながら、日なたの結果と日かげの結果に分類し、2つを比較します。比較を通して、日かげの植物よりも日なたの植物の方が、茎が太いこと、高さが高いこと、葉が大きいことなどの共通点を見出し、植物が成長するためには日光が必要であることを発見するという展開になります。

　演繹法の場合、植物の成長には日光が必要であることをはじめに説明しま

す。この法則が本当に成り立つのか、個人やグループで校庭の植物を観察し、観察結果（法則が成り立つかどうかの証拠）を発表するように指示します。集められた観察結果により、法則が成り立つことを検証するという展開になります。

　このように、帰納法と演繹法の展開では、観察・実験の役割が違います。観察・実験の役割は、帰納法の展開の場合、法則を発見するための情報を収集することにあります。演繹法の展開の場合、教師から与えられた法則や自分でつくりだした仮説を検証することにあります。

　現行の教科書では、ほとんどが帰納法の展開です。そのため、観察・実験の役割も、法則を発見するための情報収集が主となっています。

2. 観察・実験を授業に位置づける際に留意すること

　観察・実験を授業に位置づける際、いくつかの留意すべき点があります。ここでは、帰納法、演繹法の2つの展開の特徴をふまえながら、目的意識と興味・関心の2つの観点から留意すべき点を考えてみます。

2.1 目的意識について

　中央教育審議会の答申にもあるように、観察・実験は、目的意識をもって行われる必要があります[1]。この点について、帰納法に位置づける場合と演繹法に位置づける場合とでは、違いがあるのでしょうか。

　帰納法の展開で行われる観察・実験の場合、その役割は、法則を発見するための情報収集にあります。観察・実験を行い、得られる結果に基づき法則を発見しようとするのが理想です。しかし、子どもによっては、観察・実験による情報収集と、その後の発見のための考察とを一連のものとしてとらえていないことがあります。観察・実験中は、目的を意識せず、観察・実験自体を楽しんでいたり、観察・実験後の考察になるとうつむいてしまったり、

あるいは、自分で得た結果から考察しようとせず、こっそりと教科書をみて、その内容を自分の結論にしてしまったりします。このような子どもの多くは「実験は好き，理科は嫌い」という考えをもっています。

　帰納法の展開に観察・実験を位置づける場合、子どもに観察・実験の目的を理解させるよう、指導を徹底する必要があります。そのためには、目的を明確にすること、法則を発見したいと思えるような導入や発問を用意することが必要です。

　一方、演繹法の展開で行われる観察・実験の場合、その目的は、法則や仮説を検証することにあります。結果を得ること自体が、法則や仮説が検証されたかどうかという目的と結びついているため、目的意識をもたせることは、帰納法に比べて容易であるといえます。

2.2 興味・関心について

　帰納法の展開で行われる観察・実験では、思ってもみなかった結果に出合うことができます。これは、目的意識が低いことの裏返しともいえますが、興味・関心を高めるという点では効果があります。

　演繹法の場合には、観察・実験は検証のためであり、結果は予想できているため、興味・関心を高める効果はあまり期待できません。

2.3 帰納法と演繹法の特徴をふまえて

　帰納法の展開に位置づけた観察・実験は、目的意識をもたせにくい反面、興味・関心は高めることができます。演繹法の展開に位置づけた観察・実験は、目的意識をもたせやすい反面、興味・関心を高める効果はあまり期待できません。このため、演繹法ばかりを行った場合、理科に対する興味・関心を低下させてしまう恐れもあります。

　帰納法と演繹法の特徴を理解した上で，どちらかに偏ることなく、場面に応じて使い分けることが必要です。たとえば、単元の核となる法則については帰納法的発見学習で進め、この後で、演繹法を用い、発見した法則を活用

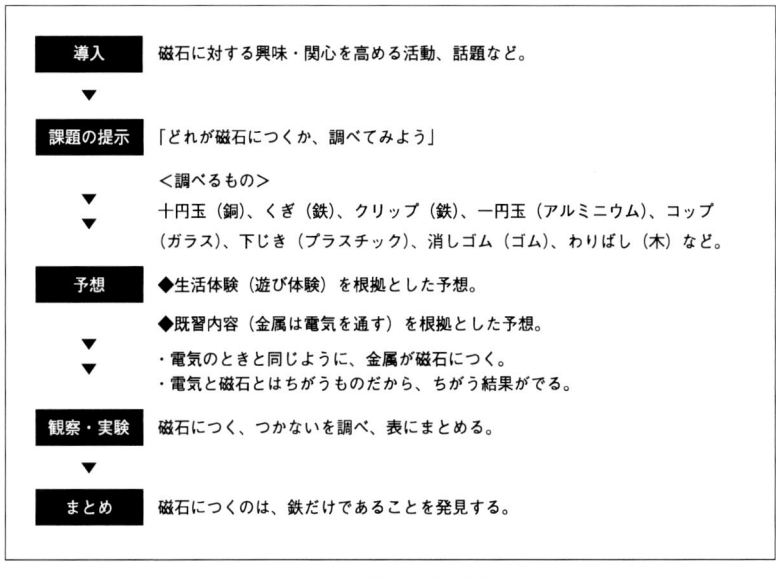

```
┌─────────────────────────────────────────────────────────────┐
│ 導入      磁石に対する興味・関心を高める活動、話題など。        │
│  ▼                                                          │
│ 課題の提示  「どれが磁石につくか、調べてみよう」               │
│  ▼        <調べるもの>                                      │
│           十円玉（銅）、くぎ（鉄）、クリップ（鉄）、一円玉（アルミニウム）、コップ │
│           （ガラス）、下じき（プラスチック）、消しゴム（ゴム）、わりばし（木）など。│
│  ▼                                                          │
│ 予想      ◆生活体験（遊び体験）を根拠とした予想。             │
│           ◆既習内容（金属は電気を通す）を根拠とした予想。     │
│           ・電気のときと同じように、金属が磁石につく。         │
│           ・電気と磁石とはちがうものだから、ちがう結果がでる。 │
│  ▼                                                          │
│ 観察・実験  磁石につく、つかないを調べ、表にまとめる。         │
│  ▼                                                          │
│ まとめ    磁石につくのは、鉄だけであることを発見する。         │
└─────────────────────────────────────────────────────────────┘
```

図1　帰納法の授業展開の例

した課題解決活動やものづくりを位置づけるなどの使い分けが考えられます。

3. 帰納法への観察・実験の位置づけ方

3.1 事例の紹介

図1は、小学校第3学年の単元『磁石の性質』で学習する、「磁石につくもの、つかないもの」の授業の概要を示したものです。

「どれが磁石につくか、調べてみよう」という主発問から、予想、磁石を用いた観察・実験、結果のまとめを通して、「磁石につくのは鉄だけである」ことを発見させるという帰納法で展開されています。

帰納法と演繹法のどちらが適しているのかを検討するために、この授業を演繹法で展開する場合を考えてみましょう。主発問は「磁石につくのは鉄だけです、本当かどうか確認してみよう。」となるでしょう。この後、磁石を用

いた観察・実験を通して、磁石につくのは鉄だけであることを検証するという展開となります。

図1に示した帰納法の展開に比べて、観察・実験が楽しくないと感じたことでしょう。また、子どもは「鉄だけが磁石につく」という法則を活用して観察・実験に取り組めばよいのですが、この展開では、観察・実験の目的が「身のまわりにある鉄を探そう」にかわってしまう恐れもあります。

興味・関心を高めることが困難な点、目的がかわってしまう恐れがある点から、この授業は帰納法が適しているといえます。

3.2 観察・実験の効果を高めるために

❶「課題の提示」の場面から

主発問は、質問の意図がはっきりと伝わるものにする必要があります。図1にある「どれが磁石につくか、調べてみよう」は、「磁石を近づけるとどうなるか、調べてみよう」とも発問できます。

「どうなるか、調べてみよう」は漠然とした発問です。つく、つかないの他、しりぞけあう、場合によっては、色がかわるなども、回答の候補となります。それに比べて、図1にある「つくか、調べてみよう」は、つく、つかないが求められていることが、子どもにはっきりと伝わります。観察の観点も明確になります。

「どうなるか」などの漠然とした発問は避けるようにしましょう。ただし、意図的に漠然とした発問をして、子どもの自由な発想や観察の視点を出しやすくするということもあります。しかし、これはプロの技ともいえるものですから、教師としての経験を積んでから行う方がよいでしょう。

❷「予想」の場面から

実験結果の予想は、子どもが予想するために必要な知識をもっている場合に聞きます。子どもに予想を聞くとき、予想した理由も必ず聞きましょう。観察・実験の結果を解釈する上で必要となる知識が、理由のなかに含まれていることが多いからです。

予想した理由に含まれる知識は、生活体験から得られた知識と既習内容とに分けることができます。一般に、低学年あるいは単元の前半では、生活体験に基づく予想が主です。学年があがる、あるいは、単元の学習が進むにしたがって、既習内容に基づく予想が増えていきますし、増えていくように教師が支援する必要があります。生活体験にしても既習内容にしても、重要な知識については、予想とその理由の発表を通して、クラス全体に示しておく必要があります。

　図1に示した授業の場合、予想した理由の発表により、既習の「電気を通すもの、通さないもの」をクラス全体で再確認しています、この確認により、観察・実験を通して、クラス全体が電気と磁石の違いに驚く、興味をもつ、はっきりととらえることができるようになるのです。

　ここで、予想を聞かない方がよい例も記しておきます。石灰水に二酸化炭素を通す実験の前に、「石灰水はどのように変化するでしょう」と予想を聞く授業を参観したことがあります。この経験は一度ではなく何度かありますので、予想を聞く方が一般的なのかもしれません。しかし、白くにごることは本時で学習することであり、答えられるはずがありません。子どもの多くは、当てずっぽうで答えることしかできません。塾などで先行して学習している子どもが答え、この子どもが中心となって授業を進めていくことになるため、暗黙のうちに、塾に行かざるを得ない雰囲気をつくってしまうことにもなります。

　子どもが結果を予想するために必要な知識をもっているかを意識しましょう。もっていないと判断できる場合には、予想を聞く必要はありません。

❸「まとめ」の場面から

　帰納法の展開の山場は、子どもが法則を発見する場面です。といって、子どもだけで法則を発見するのは、実際には困難です。

　子どもが思いつかないところ、考え違いをしているところを教師が追加、修正し、子ども自らが法則を発見したようにみせることが大切です。

　さらに、帰納法の場合、法則の発見で展開は終了します。発見した法則を活

用する場面を位置づける必要があります。この授業の場合には、「磁石につくのは鉄だけである」ことを活用する活動として、磁石を用いたおもちゃづくりや身のまわりの鉄さがしなどを、まとめの後に位置づけるとよいでしょう。

4. 演繹法への観察・実験の位置づけ方

4.1 事例の紹介

　ものが水に溶ける際、溶かしたものはみえなくなります。子どもは、ものが溶ける → みえなくなる → なくなる、という考え方（素朴概念）をもっています。小学校第5学年『ものの溶け方』の学習では、この素朴概念に基づき、溶解に関する現象を解釈しようとします。たとえば、水50gに食塩10gを溶かしたときにできる食塩水の重さ（質量）は、「食塩がなくなったから、50g（水だけの重さ）になる」あるいは「食塩は全部ではなく、少しなくなったから、50gと60gの間の重さになる」と予想します。

　実験結果をみせても、溶けたものはなくなるという素朴概念を捨てきれず、わずかな誤差が生じただけで「やっぱり軽くなった」と結論づけたり、溶解前後の重さが一致したとしても、「本当は少しだけ軽くなっているはずだ．このてんびんではそこまではかれないんだ」と解釈したりします。溶かした固体がみえなくなるわけですから、観察事象をいくら増やしたところで、子どもに法則を発見させることは困難です。子どもの素朴概念が、帰納法的発見学習を阻害する例といえます。

　このような場合には、演繹法が有効です。授業展開を図2に示します。はじめに、「ものは、重さをもった小さな粒でできています。水に溶けるとは、その粒がばらばらになって、水全体に散らばることです」という法則を与えます。「この法則を使って、結果を予想してごらん」、「結果が予想通りだったら、正しい法則、使える法則ということになるね」と説明し、予想、観察・実験による検証と進めます。

```
┌─────────────────────────────────────────────────────────────┐
│  導入      水溶液に対する興味・関心を高める活動、話題など。          │
│   ▼                                                          │
│  法則の提示  「ものは、重さ（質量）をもった小さな粒でできています。水に溶けるとは、│
│   ▼         その粒がばらばらになって、水全体に散らばることです」    │
│  課題の提示  「この知識を使って、次の実験の結果を予想してみよう」     │
│   ▼        【実験】                                          │
│   ▼         水 50g に食塩 10g を溶かしたときにできる食塩水の重さはいくらか。│
│  予想      提示された法則を根拠とした予想。                      │
│   ▼                                                          │
│  観察・実験  重さが保存されることの観察。                        │
│   ▼                                                          │
│  まとめ    予想通りの結果になった。提示された法則は正しい。使える。   │
└─────────────────────────────────────────────────────────────┘
```

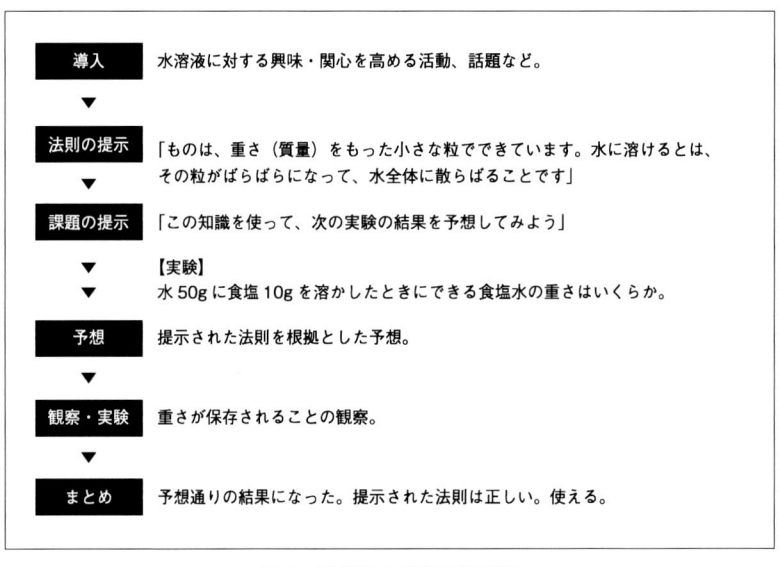

図2　演繹法の授業展開の例

4.2 観察・実験の効果を高めるために

　与えられた法則（ものは重さをもった小さな粒でできていること、水に溶けるとはその粒がばらばらになって水全体に散らばること）に基づき、子どもは予想します。質量保存の学習では「この法則が本当ならば、食塩はなくなっていないのだから（粒として残っているのだから）、食塩水の重さは、水と食塩を足した重さと同じになるはずだ」、溶解度（溶ける量には限界があること）の学習では「この法則が本当ならば、これ以上溶けなくなる（粒が混み合って、散らばることができなくなる）量があるはずだ」、再結晶・蒸発乾固の学習では「この法則が本当ならば、溶かしたものは粒として残っているのだから、水溶液から再び取り出せるはずだ」と予想します。そして、観察・実験で検証されるたびに、法則の価値を強く感じるようになります。これらの活動を通して、子どもの認識は「ものは溶けるとなくなる」から「ものは溶けると散らばる」にかわっていくのです。

5. おわりに

　従来の理科授業は、教科書の記述も含めて帰納法の展開が主でした。最近になって、帰納法のみの授業展開に疑問がだされるようになり、演繹法との使い分けの重要性が指摘されるようになってきました。この先駆けともいえるのが、川上氏が提案する有意味受容学習でしょう[2]。文献2）には、演繹法の理科授業の事例が掲載されています。

　最後に、今回の学習指導要領の改訂では、各教科を貫く視点の1つとして、言語活動の充実があげられています。言語活動の充実について、「比較や分類、関連付けといった考えるための技法、帰納的な考え方や演繹的な考え方などを活用して説明する（算数・数学、理科等）」[3]とあるように、帰納法と演繹法の両方を活用することの重要性が記されています。帰納法のみの授業から演繹法も加えた授業にかえていくことは、理科をこえて、教科教育全体としての重要な課題でもあるのです。

考えてみよう

課題1　てこの原理の学習（小学校第6学年）を、帰納法の展開で立案してみよう。また、その展開での観察・実験の役割を述べてみよう。

課題2　てこの原理の学習を、演繹法の展開で立案してみよう。また、その展開での観察・実験の役割を述べてみよう。

課題3　上の1と2の展開のうち、あなたはどちらが望ましいと考えますか。その理由も述べてみよう。

〈参考文献〉
1) 中央教育審議会（答申）「幼稚園、小学校、中学校、高等学校及び特別支援学校の学習指導要領等の改善について」p.88, 2008年1月17日
2) 川上昭吾編著『教えの復権をめざす理科授業』東洋館出版社, 2003
3) 前掲1), p.53

第 **9** 章

探究活動の仕組み方

探究活動はまず仮説設定から。
仮説設定の第1歩は、変化するものと、
それに影響を与える要因に気づくこと。

変化するのは
何だろう？
ことばで表すと…

変化に影響を
与えている要因は
何かな？
重りの重さかな？
糸の長さかな？
そうだ、思いつくことを
全部挙げてみよう。

1. 問題の所在

　国立教育政策研究所が行った平成14年度高等学校及び、平成15年度小中学校教育課程実施状況調査（理科）[1]の結果から、小学校、中学校、高等学校と学校段階が上がるにつれ、理科学習の目的意識、科学的な態度の低下が顕著であることが明らかになっています。特に高等学校においては、生徒の理科学習に対する目的意識が極端に低下し、有用性が感じられなくなっている現状が浮き彫りになっています。このことから、生徒は教員側から与えられた実験課題を、提示された方法で解決するだけの受動的な学習を行っていることや、目的や見通しをもてないまま観察・実験に取り組んでいる状況が推察されます。一方、教員は多忙な校務の中、観察・実験を行っていても、探究の過程を踏まえた問題解決学習の仕組み方や指導の手立てに悩み、十分に科学的な探究能力を育成できていないことを実感しているのではないでしょうか。

　一般的に、探究の過程は科学の方法を用いて行われます。科学の方法は自然を観察し、その説明に仮説を立て、仮説を検証し法則を導くという一連の知的技能と理解されています。科学的な探究能力は、科学の方法を踏まえた探究の過程を通して育成されると考えられています。そして、科学的な探究能力の育成は、理科教育の不易の課題となっています。科学的な探究における出発点は、児童・生徒自らが自然の事象から問題を見出す活動であり、経験と知識、時には直観をもとに、検証可能な問題に定式化する仮説設定です。

　森[2]は、科学的な探究能力の育成に関して、仮説設定は、児童・生徒に自然の探究活動をさせる際に最も重視されなければならない段階であること、また、自己のもつ情報と、直観から考え出される見解であり、科学の活動では創造性の最も必要な過程であると仮説設定の重要性を述べ、さらに、設定段階での教員の助言や指導の必要性を述べています。

2. 探究能力を育成する「仮説の演繹型の授業形態」

「生きる力」について第15期中央教育審議会第一次答申は、「自分で課題を見つけ、自ら学び、自ら考え、主体的に判断し、行動し、よりよく問題を解決する資質や能力」等を要素として挙げています[3]。理科教育の立場で「よりよく問題を解決する資質や能力」を考えると、それは基本的には科学の方法であるプロセス・スキルを用いて問題解決する資質や能力ということになるでしょう。

自然の事象から調べたい問題を見つけ、科学の方法を用いて探究する授業は仮説の演繹型とよばれています（図1）。児童・生徒が自然の事象に疑問をもち、実験を通して検証可能な仮説を立てる際には、既有の経験や知識等が重要な要因となってきます。自然体験や物づくりの体験が豊かだと、自然事象からたくさんの変数を切り取ることができます。理科において自然体験や物づくり体験が重要だといわれる由縁はここにあります。

一方、本時の目標を述べ、実験方法の説明をしてから実験を行い、結果の発表をして結論を得るという流れの授業は、事実の帰納型とよばれています（図1）。全国の小学校から高等学校までの理科授業で普通に展開されている形態といえるでしょう。理科における実験は、疑問に感じたことを検証可能な仮説として設定し、仮説を演繹して結果を予想し、データをもとに検証するためのものです。事実の帰納型の授業では新しい知識を自分で発見すると

事実の帰納型の授業形態

本時の目標 → 実験方法の説明 → 実験 → 結果の発表 → 結論の帰納

仮説の演繹型の授業形態

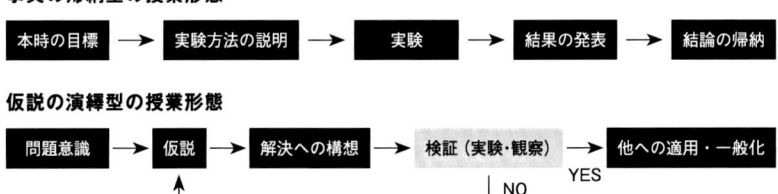

問題意識 → 仮説 → 解決への構想 → 検証（実験・観察） → 他への適用・一般化
（NO で仮説に戻る／YES で他への適用・一般化へ）

図1　理科実験における授業形態
森一夫（編）[4]『21世紀の理科教育』より引用、一部改変

いう真の理科の楽しさを感じさせることは困難です。児童・生徒の側からすると先生の指示通りに作業を行っているようなものです。

　それでは、どのような手立てをとれば仮説の演繹型の授業を行うことができるのでしょう。それは、常に変化している自然事象を変数としてとらえ、どのようにして数量化するのか、つまり測定するのかということと、変化している事象に影響を及ぼしている要因を変数として抽出した後、両者の関係を言葉で表現させればよいのです。具体的な方法については、以下に述べます。

3. 探究の出発点としての仮説設定

　自然界は変化するもので満ちあふれています。季節の移り変わり、動植物の成長、天気、野球のボールの速さ等、挙げればきりがありません。理科はこれら変化するものと、それに影響を与えている要因の関係を取り上げて、科学の方法を用いて探究するところに真の面白さがあります。

　理科の学習では、調べたいことについて「問題」を設定させるのが一般的です。しかし多くの先生は、児童・生徒がつくる「問題」は探究の深まりが乏しかったり追求活動が継続しなかったりすると感じていることでしょう。その理由の1つに、児童・生徒がつくる「問題」は多くの場合、「なぜ＋事実＋だろうか」というように表現され、実験を通して検証するための変数が問題の中に含まれていないことが挙げられます。つまり、科学的な探究が可能な「問題」にするためには、変化させる変数とその影響を受けるもう1つの変数との関係に気づき、仮説として表現されなければなりません。

　児童・生徒が「なぜ植物は成長するのだろうか。」という「問題」を考えたとしても、科学的な手続きで検証することは不可能です。なぜならば、この「問題」には「植物は成長する」という事実とそれに影響をおよぼすと考えられる要因との関係が「問題」に組み込まれていないからです。科学的な「問題」にするためには、事実としての植物の成長とそれに影響をおよぼすと考

えられる様々な要因とのかかわり、換言すれば、従属変数としての植物の成長とそれに影響をおよぼす種々の独立変数との関係を「問題」の中に言葉で表現する必要があります。つまり、「なぜ」で始まる問いではなく、「何が植物の成長に作用するのか」や「どのように植物の成長に作用するのか」というように「何が」や「どのように」と表現できる問いにしなければ実験で検証できる問題にはならないのです。

　現代の主たる教育思潮は、いわゆる子ども中心主義です。われわれは、その教育思潮のもとで児童・生徒なりに考えた「問題」だからということで過度に尊重し、結果として実験で検証可能な「問題」にするための適切な指導・助言を放棄しているのではないでしょうか。適切な指導・助言があれば、児童・生徒がもっと自信をもって主体的に探究活動に取り組めるはずなのに、児童・生徒の発想が生かされていないとすれば残念なことです。ちなみに、ニュートンが万有引力の法則を発見したとき、なぜ引力が存在するのか、その理由については問うてもわからないから不問とし、「引力は物体の間にどのようにはたらくか」を問題にしたのです。デカルトがニュートンのように成功しなかった理由の1つに「なぜ」という疑問にとらわれたことが挙げられるかも知れません。参考までに紹介しますが、アメリカ合衆国の中学生用の教科書には、探究の過程に仮説の設定が明確に位置づけられています（図2）。

図2　アメリカ合衆国の中学生用の教科書に掲載されている探究の過程
（Earth Science : A Harcourt Classroom Education Company）

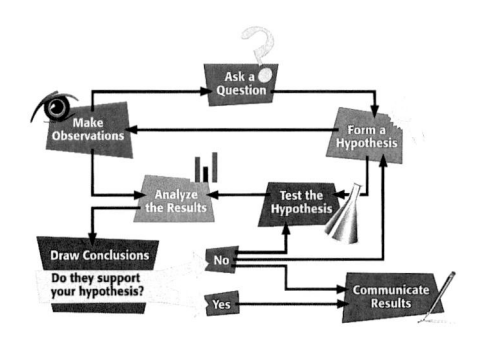

4. 児童・生徒の経験や知識をもとに仮説を立てさせる手立て

　それでは、どのような観点で児童・生徒への助言や指導を行えば、科学的に探究可能な「問題」になるのでしょうか。Cothron, j. h. ら[5]は、児童・生徒の疑問を科学的に探究可能な「問題」にするための方略、"Four Question Strategy" を提唱しています（筆者はこの指導法をCothronらに敬意を表して、頭文字をとり4QS（フォークス）と命名しています）。

　4QSは、教員があらかじめ設定したSTEP 1～4の4つの問いについて、児童・生徒がグループ討論を通して、変化するものとその変化に影響をおよぼす要因、換言すれば2つの変数の存在を意識化させるとともに、仮説の文章化に導く指導法です（図3）。

　この指導法の中で取り挙げられている2つの変数とは、独立変数（変化させる変数）と従属変数（独立変数の影響を受けるもう1つの変数）です。生徒は、4段階の問いについて討論しながら2つの変数の存在に気づき、容易に仮説を設定することができるようになっています。

図3　"Four Question Strategy" に基づいて開発した仮説設定シート

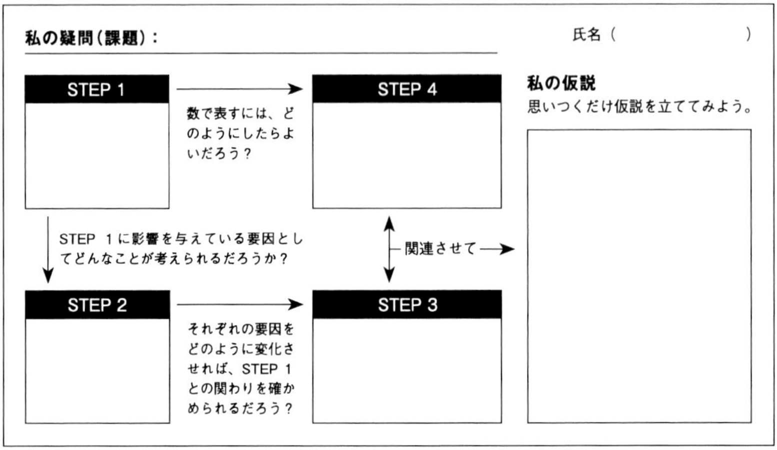

以下に4QSの概要を述べます。STEP 1は、変化する事象を従属変数として簡潔に記述する段階です。例えば、課題として「強い電磁石をつくるにはどのようにすればよいのだろうか」が与えられたとすると、STEP 1の枠の中には、従属変数として「磁石の強さ」を記述します。STEP 2は、従属変数に影響をおよぼす独立変数に気づかせる段階です。ここでは、思いつく変数をできるだけ多く挙げさせます。教員の制御はできるだけ控えて、自由に自分の考えを発言できる雰囲気を醸成することが大切です。電磁石の場合であれば、枠の中に「コイルの巻き数」、「エナメル線の太さ」、「鉄心の太さ」、「乾電池の数」等が記述できます。STEP 3は、STEP 2で挙げた独立変数を実験条件としてどのように変化させるのかを考えさせる段階です。電磁石の例であれば、「コイルの巻き数を増やす」、「エナメル線の太さを変える」、「鉄心の太さを変える」、「乾電池の数を増やす」等を枠の中に記述することになります。STEP 4は、STEP 1で挙げた従属変数を数量としてあらわす方法を考えさせる段階です。小学校理科の実験であれば、「電磁石につくゼムクリップや釘の数」を記述すれば良いでしょう。そして、最後にSTEP 3とSTEP 4とを関連付けて、「‥‥‥すれば、‥‥‥は‥‥‥なる」というような表現で仮説を文章で記述させます。電磁石の場合であれば、「コイルの巻き数を多くすると電磁石は強くなる」等を枠の中に記述します。
　4QSは、このような4段階の問いに対するグループ討論を通して、2つの変数の存在を意識化させ、仮説を文章で表現させる方法です。

5.「振り子の実験」の事例

　ここでは、小学校教員を養成する大学の授業において「振り子の実験」をテーマとして、仮説設定シートを用いて行った授業の例を述べます。なお、STEP 1の従属変数については、授業者が「振り子の1往復に要する時間」を設定した後、STEP 2以降を討論させました（図4）。以下、その概要を述べます。

ある班は、STEP 2 で「おもりの重さ、ひもの長さ、振り始めの位置（振れ幅）、ひもの太さ」等の要因（独立変数）を挙げ、STEP 3 では、「おもりの重さを変える」「ひもの長さを変える」「振り始めの位置（振れ幅）を変化させる」等と記述していました。従属変数としての「振り子の1往復に要する

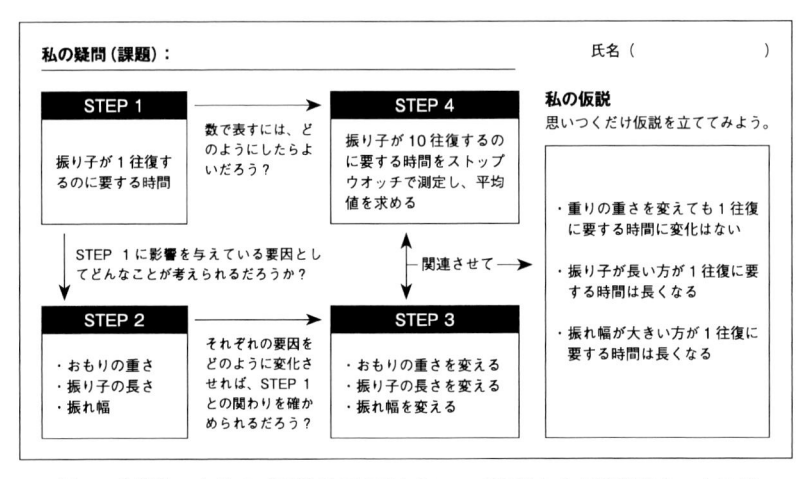

図4　小学校5年生の「振り子の実験」について適用した仮説設定シートの例

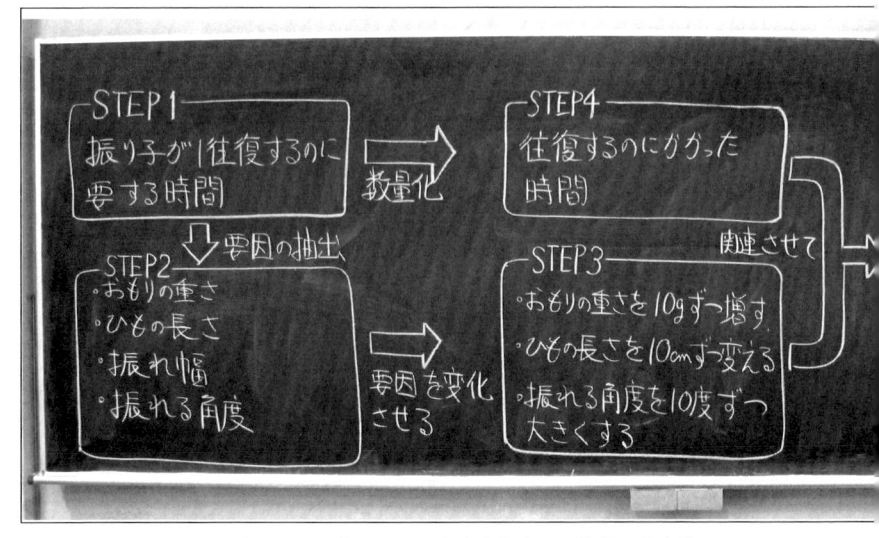

図5　仮説設定シートに書き込んだ内容を板書した情報の共有化

時間」を数量化するための STEP 4 では「1 往復する時間の平均値を求める」と記述していました。そして、仮説として「振り子のおもりの重さを重くすると 1 往復する時間は長くなる」「振り子のひもの長さを長くすると 1 往復する時間が短くなる」「振り始めの位置が高い（振れ幅が大きい）方が 1 往復する時間が短くなる」等を設定していました。この班が立てた仮説のうち、「振り子のおもりの重さを重くすると 1 往復する時間は長くなる」と「振り子のひもの長さを長くすると 1 往復する時間が短くなる」は、物理学的には誤りですが、実験で検証可能であり、仮説として成り立っています。

　仮説を設定するにあたり、児童の発想に立つよう指示したことから、このような仮説を立てたものと考えられます。児童同士の討論では、このような考えが出てくるものと思われます。物理学的には誤りですが、検証可能な仮説を設定した児童の考えを生かせる小学校教員としての資質を高めるうえで、4QS の手法は教員養成段階の演習として意義があると考えています。

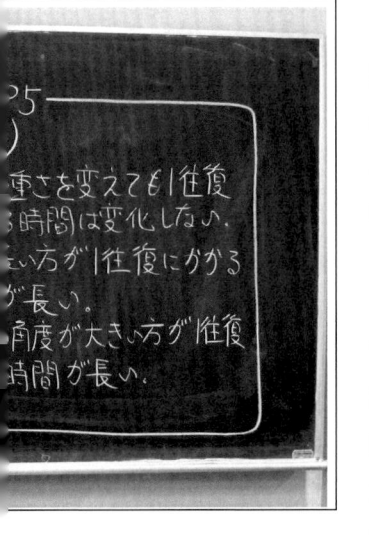

6. プレゼンテーション

　班で討論しながら記入した仮説設定シートの内容は、実験計画を立てる前に口頭で発表させたり板書させたりしてその概要を説明させると、考えの共有化が行われ、実験で検証できない仮説の修正が行われるので、この段階でのプレゼンテーションも重要です（図5）。通常、プレゼンテーションというと得られた成果について行われることが多いと思いますが、このように仮説設定の段階や仮説に基づいた実験計画の案などについて発表させると批判的な物の見方・考え方ができるようになることから探究能力を育成する上で効果的です。

得られた成果のプレゼンテーションを行うには、考察を深めておくことが大切です。つまり、仮説が支持されたのか否定されたのかについて、得られたデータに基づいて論理的に考察しておく必要があります。ややもすると、工夫した点や感想を述べて終わりとなるプレゼンテーションが多いと思いますが、4QSの手法を用いると仮説の中に従属変数と独立変数が記述してあるため、データを仮説と関連づけながら考察を言語化し、表現することが容易になります。つまり、仮説検証に基づいたプレゼンテーションを行うことが可能であり、これは科学者がふつうに行っていることです。きちんとした指導を行えば、小学生や中学生でも科学者と同様の探究の過程を経験させることができるのです。

　レポートとしてまとめる際には、①問題の所在、②目的（仮説を明確に記述する）、③方法（追試しやすいように必要に応じて図や写真を用いる）、④結果（表・グラフ・写真を用いてわかりやすく表現する）、⑤考察、⑥今後の課題などの要素で構成します。

　理科のレポートやプレゼンテーションで大切なことは、データなど事実に基づき論理的・合理的に考察することです。事実に基づかない推測や論理の飛躍がないように注意することが大切です。

7. おわりに

　4QSを用いると児童・生徒の発想がふくらみ、教師が考えもしなかったような仮説が出てくることがあります。その仮説が観察や実験で検証可能であれば、すばらしい発想であると児童・生徒を褒めてやることができます。教師が思いもしなかったような仮説が出てきては、教師の立場がなくなる、あるいは学習指導要領から逸脱する等と考えているようでは、児童・生徒の発想はつぶされてしまいます。このようなことでは科学技術創造立国の実現など望めるはずがありません。

　児童・生徒は自分の考えを試行錯誤しながらも実験や観察で確かめる授業

を望んでいるのではないでしょうか。思考の自由度を保障し、自分の疑問を観察や実験で確かめる方法を考える際も教師が適切に指導助言を行い、児童・生徒の力でやり遂げられるようにしてやれば、理科学習の真の楽しさを実感するようになります。児童・生徒だけでなく人は心底褒められると嬉しいものです。「先生もそんなこと気づかなかったよ。すごいね。やってごらん」と先生にいわれると、否が応でも児童・生徒は頑張るのではないでしょうか。4QSで児童・生徒の発想を豊かにし、おおらかな気持ちで児童・生徒の考えを助言してやる。そしてよい考えを褒めてやる。4QSは児童・生徒の発想を引き出し、創造性や個性をのばす有効な指導の手立てであることを確信しています。

───────── 考えてみよう ─────────

課題1 種子の発芽率（従属変数）におよぼす要因（独立変数）について実験を行うことになった。発芽率はどのような方法で数量化すればよいだろうか。また、発芽率に影響を及ぼす独立変数には、どのようなものが考えられるだろうか。グループで思いつくだけ挙げ、いくつかの仮説を立ててみよう。その後、それぞれの仮説を検証するための実験計画を立ててみよう。最後に、仮説と実験計画を発表して討論を行ってみよう。

課題2 強い電磁石を作るにはどのようにすればよいのか、その条件を調べることにした。従属変数としての電磁石の強さはどのようにすれば数量化できるだろうか。また、電磁石の強さに影響を及ぼす独立変数には、どのようなものが考えられるだろうか。グループで思いつくだけ挙げ、いくつかの仮説を立ててみよう。その後、それぞれの仮説を検証するための実験計画を立ててみよう。最後に、仮説と実験計画を発表して討論を行ってみよう。

〈文献〉

1) 国立教育政策研究所教育課程研究センター「平成15年度小・中学校教育課程実施状況調査質問紙調査集計結果−理科−」www.nier.go.jp/kaihatu/katei_h15/index.htm, pp.1-30, pp.44-56.（アクセス2006.12.05.）
国立教育政策研究所教育課程研究センター「平成14年度高等学校教育課程実施状況調査質問紙調査集計結果−理科−」www.nier.go.jp/kaihatu/katei_h14/index.htm, pp.173-327.（アクセス2006.12.05.）
2) 森一夫（編）［21世紀の理科教育］p. 36, 学文社, 2003
3) 文部省「21世紀を展望した我が国の教育の在り方について—第15期中央教育審議会第一次答申」『文部時報』第1437号, pp. 92-96, ぎょうせい, 1996
4) 前掲, p. 27
5) Cothron, j. h., Giese, R. N., & Rezba, R. J. m：Science Experiments and Project for Student, pp.21-35, Kendall / Hunt Publishing Company, 2000

第 **10** 章

実験を取り入れた授業づくりの視点

楽しく追究できる実験は、
どう仕組むとよいのでしょうか。
具体例で考えてみます。

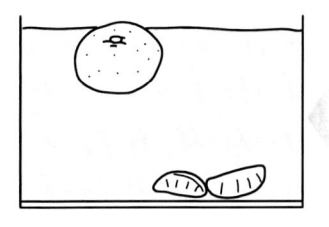

あれ！ミカンが
水に浮かんだぞ。
でも皮をむくと
沈んでしまった。

どうして
そうなるの？
よし原因追究だ！

1. 論理的に考えさせる

　理科の目標に「見通しをもって観察、実験などを行い…」とあるように、実験に入る前に予想を立てさせます。その場合、何も知識のない状態で当てずっぽうに考えさせても意味がありません。「AだからBになるだろう」など、自分の知識をもとに論理的に考えさせるようにしなければなりません。そのためには、考えさせるための材料を与えてから、考えさせる場面を設定する必要があります。

1.1　ミカンが浮く

【問題】なぜミカンは水に浮きますか。

〔考え方〕

　水溶液は、水に溶質を加えて溶かしたものですから、ふつう純水より重いです。これが大前提です。果汁は水溶液ですから、水より重いはず。ミカンが浮くというのは、果汁以外の部分が軽いからでしょう。皮と実の間に空気があるはずだと考えます。この考えが生徒から出ない場合は、ピーマンなどの浮く野菜を見せて、野菜に空気が入っていることに感づかせます。

　原因を考え結果を予想して、それを確かめるために実験します。そこで、皮と実を別にして水に浮かべてみることにします。

〔実験〕

　ミカンの皮をむきます。中の実は沈んで、皮は浮きます。皮を水中でグッと絞ると、泡がブクブク出てきます。皮に空気が含まれていることがわかります。よく絞った後の皮は沈みます。

　たまに実が浮く場合があります。実を確実に沈めるには、ミカンを半分に割ってから水に入れます。それは、中央部分に空気が残っている場合があるからです。半分に割ると、空気の残る場所がなくなり、水中で必ず沈むようになります。

〔発展〕

目に見えない空気も、水中では見ることが可能になります。ここで、水上置換法を考案したヘールズ（Hales）に言及します。

　　ヘールズ　：1677～1761（84歳で没）気体捕集装置の発見 1727（50歳）
　　ニュートン：1642～1727（85歳で没）万有引力の発見 1687（45歳）

ヘールズとニュートンは共に英国人で、ほぼ同時代の人です（50年間は同時代を生きています。Newtonが35歳のとき、Halesが誕生）。この当たり前の水上置換法は、微積分や万有引力を発見したニュートンでさえ考えつかなかったことです。ニュートンが亡くなる年に、ヘールズは水上置換法を考案しています。水中では気体の体積も測定できます。ヘールズのおかげで気体の研究が盛んになっていきます。

1.2　ガリレオの温度計

【問題】 水の入ったビーカーに梨を入れます。沈みます。どうすれば浮くようになりますか。

〔考え方〕

「塩を入れれば浮く」と大半の学生が答えます。塩に浮かす力があると思っている学生が多いので、次の発問をします。

　　《発問》「塩の代わりに砂糖を入れていくと、梨は浮くようになるでしょうか、それともならないでしょうか。」

「砂糖では浮かない」と大半の学生が答えます。実験をして答えを出します。

〔実験〕

水に砂糖を大量に加えて、よくかき混ぜていくと、梨が段々浮いてきます。

塩でも砂糖でも（ミョウバンでも）よいということは、浮く原因は何であるか、何が共通しているかを、考えさせます。水溶液は、水に溶質を加えて溶かしたものですから、純水より重くなります。つまり、水に溶質を加えることで、液体を重くしています。重くすることで、浮力も大きくなり、浮くようになります。

（液体の密度を上げる）⇒（浮力が増加する）⇒（浮くようになる）

〔発展〕

　重い液体を用いると、鉄球でも浮くようになります。水銀は非常に重い液体です。したがって、浮力も非常に大きく、鉄も浮きます。ちなみに、鉛も水銀に浮きますが、同時に溶けていきます（アマルガムになる）。

　水銀の入ったビーカーに、まずガラス玉（ビー玉）を入れます。見事に浮きます。その浮き方が普通ではありません。目玉が飛び出したような浮き方で、沈んでいる部分がほとんどありません。次に、鉄球（パチンコ玉）を入れます。いくら押し込んでも、浮き上がってきます。

【問題】柿は水に浮きます。この柿を沈むようにしたい。どうすればよいでしょうか。沈ませる方法を、2つ挙げなさい。

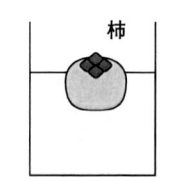

〔考え方〕

（液体の密度を上げる）⇒（浮力が増加する）⇒（浮くようになる）
この流れから考えていきますが、逆方向から迫ります。

① 　　　　　　　　　　　　　　　　　　⇐（沈むようにする）
② 　　　　　　　　　　（浮力を減少させる）⇐（沈むようにする）
③（液体の密度を下げる）⇐（浮力を減少させる）⇐（沈むようにする）

　「油を使えばよい」と学生は答えます。水より軽い液体を使えば、確かに可能です。灯油の密度は約 0.8g/cm³、エタノールは 0.79、エタノール水溶液（30％）は 0.95、アンモニア水（10％）は 0.96 で、これらの液体を使えば、柿は沈みます。

　しかし、水でも沈ませることができます。水溶液にしなくても、純水のままでも可能であることを言い、考えを深めさせます。

　小学校第4学年の学習内容「水は、温めたり冷やしたりすると、その体積が変わること」を使って解決できます。水の温度を上げれば、水は膨張する（体積が増加する）。

　　　　　　密度＝質量／体積　　つまり　　$d = m / V$

式で質量mは一定です。水温が高くなると体積Vが大きくなり（分母が大きくなり）、その結果、密度dは小さくなります（軽くなる）。

水が軽くなると、浮力も小さくなり、浮いていた物も、沈みます。

つまり、［お湯］→［軽い水］→［浮力が小］→［沈む］

〔実験〕

投げ込みヒーターで水を温めていくと、柿が沈みます。または水が温まるまでに数分かかるので、事前に用意した湯を用いると速くできます。

密度を上げる場合は、水に砂糖を加えていきました。これと同様に、密度を下げる場合も、水に投げ込みヒーターを入れて水を温めます。時間に余裕がある場合は、ヒーターを用いた方が、事前に用意した湯よりも、実験に一貫性ができてよいでしょう。

水の膨張・収縮は小さいので、浮力を大きく変化させることはできません。水の膨張で、浮き沈みが観察できるのは、ほんの少し浮いている物に限ります。柿は、ほんの少し浮いているだけです。

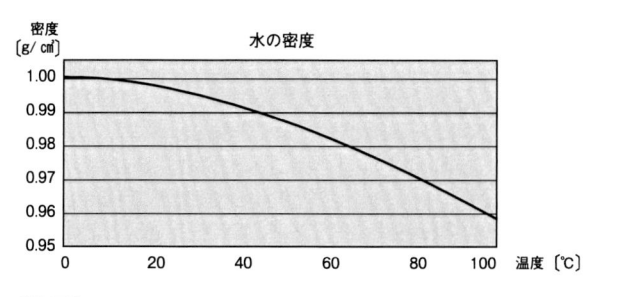

ガリレオの温度計

〔発展〕

この原理を使ったものがガリレオの温度計です。温度によってガラス球（浮沈子）が上下して、温度計としての役割をします。ガリレオの温度計に湯を掛けると、温度計内の液体（パラフィン油）の密度が下がってガラス球が沈んでいきます。

水を重くするには、水を冷やせばよいです。水の温度が20℃の場合、どんなに冷やしても0℃までです。図より密度の変化は非常に小さいです。水を

重くするには、溶質を加えて、水溶液にして重くするしかありません。

逆に、水を軽くするには、水を加熱すればよいです。20℃ → 100℃まで可能ですので、密度は大きく変化させられることが、図からわかります。

小学校段階までは上記のような現象の理解に留まりますが、中学校段階以上になるとアルキメデスの原理を使い、浮力の大きさが計算できます。

「沈んでいる物体には浮力は働いていない」と考える学生がほとんどです。沈んでいる物体にも浮力は働いていて、重力と浮力の関係を教えます。物体の重さは、空気中より水中で測った方が軽くなります。浮力が働くからです。したがって、重い物体を動かす場合、水中の方が楽になります。しかしその反面、水の抵抗が大きいですので、動かしにくくなります。何でもよいことばかりではないことを認識させます。さらに、気体の浮力に発展させていきます。

1.3 酸の正体を考える

【問題1】

炭酸水素ナトリウム（重曹(そう)）に食酢を加えると、二酸化炭素が発生します。次式は、その化学反応式です。ただし、炭酸水素ナトリウムの化学式は $NaHCO_3$ であり、食酢は CH_3COOH とします。空欄 [　] に入る適当な化学式を答えなさい。

[a] + [b] → CH_3COONa + [c] + [d]

〔考え方〕

生成物の酢酸ナトリウム CH_3COONa を与えてやると、反応式を知らない学生でも、右辺と左辺を比べるだけで正解できるようになります。

$NaHCO_3$ + CH_3COOH → CH_3COONa + H_2O + CO_2 ↑

【問題2】

炭酸水素ナトリウム $NaHCO_3$ に酢酸を加えるが、泡は発生しません。また、マグネシウムに酢酸を加えても、泡は発生しません。つまり、どちらも反応が起こりません。その理由を述べなさい。

問題1と問題2の実験を生徒に行わせます。

〔考え方〕

　マグネシウムはイオン化傾向が大きい金属ですから、酸と容易に反応し溶けなければなりません。しかし、反応しないということです。不思議ですね。問題1、2の実験を比べ、異なる条件を捜します。まとめると、

```
     <反応する>                    <反応しない>
   ┌─────────┐                  ┌─────────────┐
   │ NaHCO₃  │    ←─ 対比 ─→    │ NaHCO₃ or Mg │
   │ ＋食酢  │                  │    ＋酢酸    │
   └─────────┘                  └─────────────┘
```

　この対比から、反応する・しないの原因は、食酢と酢酸の違いにあるとわかります。食酢にあって、酢酸にないものは何ですか。それは水です。食酢には水が96％ほど含まれています。酢酸には水は含まれていません（特に純粋な酢酸は氷酢酸と呼ばれます）。4％の食酢でも化学式はCH_3COOHとしてよいのは、希塩酸でもその化学式はHClで表すのと同様です。

　CH_3COOHは分子性物質で、イオン性物質ではありません。酢酸は分子として存在しており、電気を持った粒子（イオン）がありません。したがって、電気伝導性がありません。水を加えると、

$$CH_3COOH \rightarrow CH_3COO^- + H^+$$

のように電離し、そのイオンによって電気伝導性が現れます。

〔実験〕

　ステンレス電極と電球を使って、①酢酸（氷酢酸）に電流が流れるか調べます。②水を加えて、酢酸水溶液にします。それに電流が流れるか調べます。（ステンレス電極の代わりに、ポケットテスターを使うと電源が不要になり、より簡単に調べられます）

　①の実験では電流が流れませんが、②では流れるようになります。水で薄めていくと、段々と点灯し始めるというのは、不思議な感じがします。

　塩酸の場合、原液（濃塩酸）でも水が64％入っていますので、電離しておりH^+が存在します。したがって、濃塩酸でも希塩酸でも、$NaHCO_3$や

Mgと反応します。

「酢酸が弱酸だから反応しない」という学生の答えがほとんどですが、間違いです。酢酸（カルボン酸）は、一般に弱酸ですが、炭酸よりは強い酸です。したがって、理論上反応しなけばなりません。反応しないというのは、電離していないからです。酸というのは、水が存在してやっとH^+を生じ（酸性を示し）、酸としての働きをします。そのことを強調します。

〔実験〕

試験管に$NaHCO_3$を少量入れ、酢酸（氷酢酸）を加えます。泡は発生しません。これに水を加えると、泡（CO_2）が激しく発生して、泡がのぼってきます。

〔実験〕

試験管にマグネシウムリボンを入れ、酢酸を加えます。泡は発生しません。水を加えると、泡（H_2）が発生して、マグネシウムが溶けて小さくなります。

2. 実験方法を工夫する

一般に、それぞれの物を発見するよりも、実験の方法を発見する方が重要です。その例を紹介します。

2.1 液体の密度

黒板に、2種類の液体とそれに立てた2本の管（ストロー）を描きます。同じ吸引力で2つの液体を吸い上げる状況を説明します。軽い液体は、重い液体よりも、吸い上げる量が多くなります。つまり、液柱が高くなります。高さに差が生じることを利用して、密度を測定しようとする実験であることを説明します。

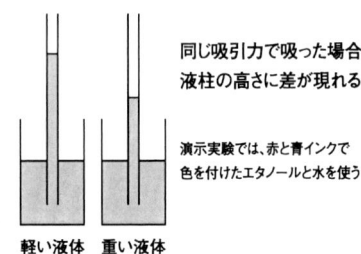

同じ吸引力で吸い上げるというのは、理論的にはわかりますが、実際に行

うのは非常に難しいです。

《発問》「どうすれば同じ吸引力で2本のストローを吸えるか。」

⇒ 全く回答は出ません。下図のように2本のストローを、上部で合流させたものを作り、その1箇所から吸い上げます。すると、同じ吸引力で2つの液体を吸い上げたことになります。

この形は、Y型電解装置[1]を逆さにした形です。口で吸い上げるよりも、注射器で吸い上げた方が便利であり、しかも液柱を安定させられます。これでヘアの装置（Hare's apparatus）が簡単に作れます。

〔実験〕

このY字管（音さ型）で実験します。しかし、左右の液面に、あまり差が生じません。そこで、

《発問》「どうすれば左右の液面の差を大きくできるか。」

⇒ 管を細くすればよいと学生は答えますが、太さは関係ありません。解決法は、管を長くすること。右図のように、ゴム管付きガラス管を、Y字管に取り付けて、管を非常に長く伸ばします。

計算するとわかりますが、密度dと高さhとは反比例の関係にあります。これは、感覚的にもわかります。【$d_1 : d_2 = h_2 : h_1$】あるいは【$d_1 \times h_1 = d_2 \times h_2$】となります※。比ですから、ガラス管が長くなるほど、液柱の差は大きくなります。具体的には、密度の比が0.8：1の場合、液柱の高さは10cm：8cmで、2cmの差。長いガラス管に代えると、50cm：40cmで、10cmの差になります。

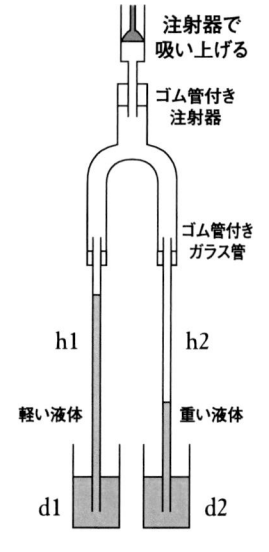

ある液体の密度を求める場合、水（密度1g/cm³）と比較します。液柱の高さがそれぞれ50cm：40cmとなった場合、密度 ＝ 40／50 ＝ 0.80g/cm³ となります。

※上昇する2本の液柱の質量は同じ。ガラス管の太さも、簡単にするため同じ（底面積S）にします。2つの液体の密度をd1、d2とすると、質量＝体積×密度ですから、
　　　(h1×S)×d1 ＝ (h2×S)×d2
　Sを両辺から消去して　h1×d1 ＝ h2×d2　となります。

吸い上げたときの液面に印を付け、後でガラス管を水平にして物差し（巻尺）で長さを測定すればよいです。

ヘアの装置は原理が単純です。さらに、密度の違いを、視覚的に鮮やかに捉えることができます。そういう点で、非常に面白い実験教材です。

2.2　湯と水の密度

小学校第4学年の学習内容に「水は熱せられた部分が移動して全体が温まること」があります。対流の学習ですが、対流はなぜ起こるのか、その仕組みに疑問を感じる学生が多々います。対流を難しいことのように感じていますが、なんということはありません。水は温めると体積が増える、つまり軽くなります。軽くなるので上方に移動するだけのことです。

ヘアの装置で、湯と水の密度を比較できます。密度は湯（70℃）で0.978g／cm^3、水（15℃）で0.999g／cm^{3}です（p.139のグラフ参照）。液柱の高さは理論上、湯99.9cm：水97.8cmになり、2.1cmの差になります。市販の120cmガラス管を折らずに、そのまま使うことになります。

ちなみに、左右の管は、太さが異なっていても構いません。S字に曲がっていても構いません。高さだけが意味があります。これは、実験してみればすぐにわかります。トリチェリの実験で、1気圧では76cmの水銀柱になるのと似ています。管の太さや形状は関係ありません。⇒ p.145 コラム「連通管」

管が太いと、試料の液体が多く必要になります。少量で密度を測定するには、管を細くすればよいです。

細い管と太い管を使うと、同じ液体にしても、左右で液面の高さが異なります。細い管の方がほんの少し高くなります。これは毛管現象です。

単に細い管を1本液体に立てるだけでも、液柱は容器の液面よりも少しだけ高くなります。毛管現象の影響を少なくするには、管は太い方がよいです。

一般に、液体の密度を求めるには、2つの方法があります。
① 質量を一定にして、体積を比較する。
② 体積を一定にして、質量を比較する。

ヘアの装置は①です。質量を一定にするために、吸引力（圧力）を一定にしています。そして、体積を比較する代わりに、高さを比較しています。

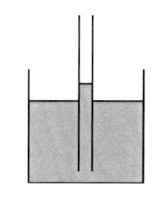

②の方法は、同じ物体（＝体積一定）を2種類の液体に沈め、それぞれの液体で生じる浮力を比較します。これで、質量を比較したことになります。電子天秤を用いて密度を測定する方法は、すでに開発されています[2]。

3. 当たり前を疑う

ふだん当たり前のように見たり使ったりしているものでも、実際にはちゃんとわかっていないものがたくさんあります。また、教師に言われなければ、生徒はずっと誤って理解している内容もあります。それらは、生徒自身は気づきません。

総合的な学習などで生徒が自発的に取り組み、文献を調べていけば最終的には解けるような課題は、理科の時間にわざわざ取り上げる必要はないと思います。教師が仕組まなければ、解決できないような課題や実験などを探し、それを取り上げる必要があります。

それには、教師は、生徒がふだんどのように考えているかを日ごろから

連通管（Constant Level Tubes または Communicating Vessels）

同じ圧力もとでは、太さ・形状にかかわらず、どの管の液面も同じ高さになります。

これを応用したものが水圧機や油圧機で、パスカルの原理により、大きな力が得られます。

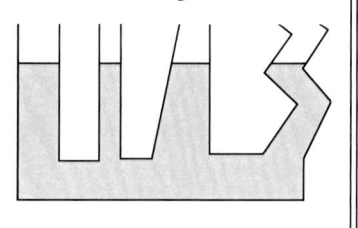

探っている必要があります。それを積み重ねて、生徒が誤解している内容を探し出します。それが見つかったら、どうすれば生徒の誤解を解消できるか、そのための教材開発を進めます[3]。その例を紹介します。

3.1 水の加熱と水上置換

【問題】

　試験管に水を入れ、それを加熱しました。図のように、発生する気体を試験管に集めました。その試験管には、何が集まりますか。

　⇒ 正解者は非常に少ないです。水蒸気が最も多く、酸素、水素といった誤答が続きます。水上置換で捕集しているので、水蒸気は集まりません。

　これを鮮やかに示すには、スチームクリーナーを使えばできます[4]。クリーナーからは激しい勢いで水蒸気が発生しています。そのノズルを水中に入れると、泡は全く出ません。水蒸気が、水中ですぐに水に戻ってしまうからです。

　料理をするとき鍋で水を沸かします。そのとき泡が出ますが、それが水素や酸素とは思わないでしょう。理科室で試験管を使って水を沸かすと、その泡が水素や酸素になるのです。

　左の試験管から発生する泡は水蒸気ですが、右の試験管に集まる気体は空気です。左の試験管の上部にあった空気が、発生する水蒸気によって追い出され、右に移動しただけです。

　しばらく加熱すると、右の試験管には泡が全く集まらなくなります。左の試験管からは泡が盛んに発生しているのに、右のガラス管からは泡がのぼりません。それは、左の試験管内の空気が全部、右の試験管に押し出されてしまい，なくなったからです。発生している泡は水蒸気で、その水蒸気はガラス管を通ってビーカーの水で冷やされ、すぐに水に戻り、消えてしまいます。

　泡が集まらなくなってからバーナーの火を消すと、水が逆流する現象が見られます。泡が集まらなくなったとき、左の試験管は水蒸気で満たされてい

ます。火を消すと、その水蒸気が冷え、水に戻ります。そのとき体積が約1700分の1に激減します。したがって、ビーカーの水が、左の試験管の方に一気に移動します。その勢いには圧倒されるものがあります。

3.2 水の加熱と生成

【問題】

ビーカーに水を入れ、それを加熱します。すぐにビーカーの外側が曇ります。それはなぜでしょうか。

⇒ 正解者は完全にゼロです。「空気中の水分が、ビーカーで冷やされて水滴となるので、曇る」と全員が答えます。学生はこれで納得しています。自分が間違っていることに全く気づいていません。そこで、正解を教えないで、次の発問をします。

《発問》「空調設備があって湿度0％にした部屋でこの実験を行うと、曇りますか。」

⇒ 全員「曇らない」と答えます。そこで「湿度0％の部屋でやっても曇ります」というと、学生は非常にびっくりします。ここでやっと、自分たちが間違って理解していたことに気づきます。そこで、学生は「ビーカーの水が蒸発し、それがビーカーの側面で冷えて曇る」と答えます。そこで「ビーカーにラップを取り付けて加熱しても曇ります」といいます。学生はここで完全に途方に暮れます。考えられる要因を段々絞ってやります。

〔実験〕

空のビーカーを熱しても、曇ることを見せます。

この実験を見せると、アルコールランプや火が関係あるのかな？と考えるようになります。ビーカーに水を入れておくだけで、いかに難しい問題に変わるかがわかります。水の方にばかり注意が向くのです。

アルコールランプの燃料はメタノールです。メタノールが燃えると、水蒸気も発生します。

$$2CH_3OH + 3O_2 \rightarrow 2CO_2 + 4H_2O$$

　出てきた水蒸気は、ビーカーによって冷やされ水滴となり、ビーカーの外側を曇らせます。その曇りもしばらくすると消えます。バーナーの火で曇りの水滴も蒸発させられますし、ビーカーが温まってくるからです。ガスバーナーを使っても、同様のことが起こります[5]。

4. 身の回りのものを科学する

【問題】
　海水は、水 100g に何 g の塩類を溶かしたものに等しいですか。

〔考え方〕
　塩類は、食塩で代用します。100g の水と、5g、10g、20g、30g、40g、50g の食塩の実物を見せ、どれくらい溶けているか、見通しをもたせます。
　⇒ 20g 以上の数値を挙げる学生が半数を超えます。この見通しをもって、実験に入ります。実験方法は、加熱して水を蒸発させるだけです。小学校第 5 学年の学習内容です。

〔実験〕
海水を煮詰める（蒸発乾固）
① 三角フラスコの重さを測る A〔g〕
② 海水を少量、三角フラスコに入れ、重さを測る B〔g〕
③ その三角フラスコを加熱して、水をすべて蒸発させる。
④ 三角フラスコを冷やしてから、重さを測る C〔g〕

海水の重さ = B − A
塩類の重さ = C − A

海水の濃度〔％〕=（塩類の重さ）÷（海水の重さ）× 100

　蒸発乾固させる際、塩類が飛び跳ねますので、蒸発皿やビーカーは不適です。三角フラスコの口からも飛び散るほどです。溶質が出始めたら、弱火にします。フラスコの底に塩類が析出していても、フラスコの口には水滴が

残っていることがあります。バーナーを手に取り、フラスコの口に炎を当て、付着している水滴を蒸発させます。学生は、この操作に非常に驚きます。バーナーは、机上で固定して使うものだという固定観念があります。バーナーを怖がる学生にとって、バーナーを宙に浮かせて使うというのは思いもつかないことです。普通のアルコールランプではこの操作はできませんが、トーチ形のアルコールランプを使えば、バーナーと同様に、横に傾けて使うことができます。

「あれだけ海水はしょっぱいのに3.4%しかないとは驚いた」と言う学生が多いです。味噌汁の塩分濃度を尋ねる学生もいます（約1%です）。

海水の代わりに飽和食塩水で、同様の操作を行うと、食塩の溶解度が測定できます。実験の結果、飽和食塩水の濃度は26.4%になります。溶解度は、水100gに溶ける溶質の最大質量〔g〕の数値です。溶解度をxとすると、比例関係により

$$溶液：溶質 = (100 + x) : x = 100 : 26.4 \quad \therefore x = 35.9$$ となります。

【問題】
海水には種々の塩類が溶けています。
①その塩類のうち何割が、食塩（塩化ナトリウム）ですか。
②食塩の次に多い塩は何ですか。
　　［ヒント］豆腐の凝固剤に用いられる「にがり」の主成分です。

⇒ 5割以下の数値を回答する学生が半数もいます。海水の溶解成分の約8割は食塩が占めていますので、海水を食塩水とほぼ同等と見なせることを押さえて、考察を進めます。次に多いのは、約1割を占めている塩化マグネシウムです。

海水の濃度がたったの3.4%と学生は言いますが、これは100%から見て3.4%が低いと感じています。飽和食塩水の濃度は26.4%です。これ以上濃い食塩水は存在しません。上限が26.4%ですから、海水の3.4%というのは、飽和食塩水の1割以上の濃さです。したがって、それほど薄いということではありません。

このように、考えたこともなかったことに、改めてスポットを当ててみると、意外な発見があっておもしろいです[6]。

======= 考えてみよう =======

課題1 寿司屋や牛丼店などで、お椀(わん)がテーブルの上で滑ることがあります。

① どういう条件が整うと滑るか、考えてみよう。
② お椀が滑るのはなぜか、考えてみよう。
③ お椀を滑らせる実験をしてみよう。

課題2 流し台の下を見ると、図のようにパイプが曲がっています。詰まりやすいのに、なぜ曲がっているのか、考えてみよう。

課題3 ドライアイスを扱うとき、白煙が生じます。白煙が生じる理由を、考えてみよう。

〔ヒント〕白煙の正体は二酸化炭素ではありません[7]。

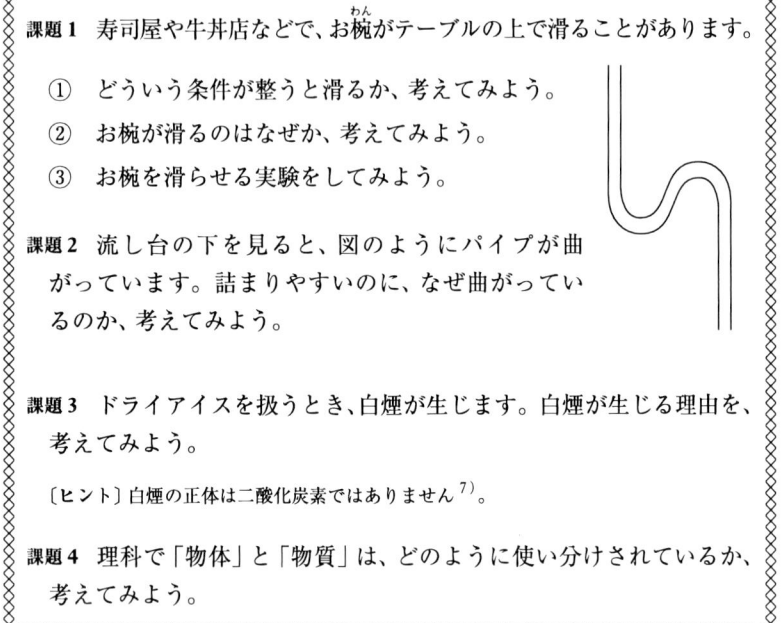

課題4 理科で「物体」と「物質」は、どのように使い分けされているか、考えてみよう。

〈参考文献〉

1) 柿原聖治「Y型電解装置の開発」『化学と教育』Vol.45, No.3, pp.160-163, 日本化学会, 1997
2) 柿原聖治「密度の測定をより正確に行わせる方法」『物理教育』Vol.46, No.4, pp.179-182, 日本物理教育学会, 1998
3) 柿原聖治「教材論:物理・化学の教材論―子どもの心に残る教材を作るために―」『理科の教育』Vol.55, No.8, pp.44-47, 東洋館出版社, 2006
4) 柿原聖治「スチームクリーナーの利用法:水の状態変化」『物理教育』Vol.55, No.4, pp.310-311, 日本物理教育学会, 2007
5) 柿原聖治「生徒の興味を引きつける授業の工夫」『理科の教育』Vol.51, No.7, pp.40-43, 東洋館出版社, 2002
6) 柿原聖治「市販の雑貨を実験教材に利用する授業例」『理科の教育』Vol.56, No.7, pp.18-19, 東洋館出版社, 2007
7) 柿原聖治「液体窒素の意外な使い方と教え方」『物理教育』Vol.56, No.3, pp.208-209, 日本物理教育学会, 2008

第 11 章

体験活動を通して生物好きにする手立て

5感を使って観察したものを言葉で表現する

　ある調査によると、講義スタイルの授業では、学習者には、授業内容の10％しか身につかないということが報告されています。話し合いを入れると40％上昇します。さらに体験を入れた授業では、授業内容の80％が身につくということです。

　しかし、だからといって、無目的な体験では、効果がありません。目的意識をもった体験が大切です。目的意識をもたせるには、課題解決学習が適しています。

　子どもたちが科学的な知識、科学的な見方、考え方を身につけるための効果的な方法を考えてみましょう。

ベンジャミン・ブルーム（1956）は、下記のような思考の6段階モデルを提唱しています。「①知識」が浅い思考であり、「②理解」、「③応用」、「④分析」、「⑤統合」と深くなり「⑥評価」が一番深い段階であるとしています。

⑥	評価	振り返る。価値を評価する。
⑤	統合	予測する。創造する。計画する。
④	分析	表やグラフで表す。因果関係を考える。焦点化する。
③	応用	分類する。描く。広げる。
②	理解	説明する。自分の言葉で言い換える。例をあげる。
①	知識	定義する。名前をつける。一致させる。

　体験がなく、本などの資料だけの授業であれば、「①知識」だけで終わり、用語の定義を覚えたり、選択肢の問題を解いたりすることで活動が終わり、極めて表面的な認識に終わってしまいます。この「①知識」では、学んだことを活用することができません。学んだことを活用するには、せめて「②理解」の段階まで子ども達を向上させたいものです。そのためには、体験が必要となります。例えば、昆虫の学習を行った場合、教科書で昆虫の定義「体が頭、胸、腹に分かれていて、胸には3対の脚がある。」だけの勉強をしたのでは、昆虫の例を挙げることはできません。実際に昆虫を採集し、それらの共通点を考える活動を行えば、具体的な昆虫の例を挙げることができますし、採集した以外の昆虫を見ても、説明することが可能でしょう。

　子どもが問題意識をもって、実験観察を実施した場合、「③応用」、「④分析」と進めることができる可能性があります。もちろん、全ての問題解決がこれにあてはまるわけではありません。定性的な内容ですと、「③応用」ぐらいまででしょう。定量的な内容であれば、「④分析」へと思考を進めることができます。昨今PISAの結果が出てから、表とグラフが注目されていますが、すでに50年以上前から思考の内容として位置づけられていたものです。ブルームが提唱しているように、子ども達が学習したことを多様な表現ができるようにしたいものです。

1. 観察、スケッチ
（小学校3年「植物のそだち方」中学校2分野上「身近な生物の観察」）

　観察して、スケッチすることは、目的をもって体験する、体験したことを認識するための第1歩です。この指導を考えましょう。中学校の教科書[1]では、「スケッチのしかた」として下記のように説明されています。

「スケッチをするときには、見えるものすべてをかくのではなく、目的とするものだけを対象にして正確にかく、先を細くけずったえんぴつを使い、影をつけずに細部をはっきりと表す。」

　この説明の意味を確かめるために、下記の問に挑戦してみて下さい。

【問題1】

　下記の写真と子どものスケッチでは、子どものスケッチがすぐれているところがある。それを見つけて、書き出してみよう。

　この絵は、小学校理科の教科書[2]に掲載されているオクラのスケッチです。中学校と違って、黒鉛筆のスケッチではありませんが、右下の子どもが描いたスケッチには、オクラの特徴が見事に表現されています。写真は、オクラの特徴が十分に表れていません。

　子どものスケッチのすぐれているところを見つけて下さい。

　友達と話し合って、お互いの考えを出し合ってもいいですね。話し合うことで、スケッチに対する考えを明確にすることができます。

【答え】

　子どものスケッチでは、写真では葉に隠れて見えない子葉が描いてあります。
　スケッチは、目的とするものを描きます。オクラは双子葉植物ですので、特徴である2つの子葉がスケッチでは見事に表現されています。小学校では、双子葉植物とは教えませんが、オクラを育てているとはじめに子葉が2枚出てきますので、それを特徴としてとらえていたのでしょう。草たけが書かれているのもすぐれているところです。大きさがわかりますね。この写真では大きさがわかりません。スケッチでは、数、形、大きさに注目して描くことが重要です。必要な場合は、色の情報も特徴として挿入します。オクラのスケッチでは、双子葉植物の特徴である葉脈の網目も表現されています。正確さを求めるならば、葉脈の数も実物と同じであることが要求されるでしょう。
　観察では、どの方向から見るかということは重要です。下記の図は、カブトムシの頭、胸、腹の区別を示しています（小学校3年「こん虫をしらべよう」）。昆虫の胸には、脚が3対6本ついています。背中から見たのでは、この特徴を確かめることができません。お腹から見なければなりません。ですから、昆虫の体が頭、胸、腹から構成されていることを示すスケッチは、お腹から見たものにしなければなりません。見る方向が大切になります。カブトムシの生態を見せるには、背中からの方が適切です。目的によって、見る角度、見せる角度が異なってきます。
　では、サカナの体はどうでしょうか（小学校6年「からだのつくりとはたらき」）。教科書では、解剖図として横に置いた図が載っています。確かに、サカナを横に置くのは、無理がありませんし、ほとんどの臓器を観察することができます。縦に置いて、下から見たらどうなるでしょうか。エラとエラの間に心臓があることがわかります。エラをヒトの肺に

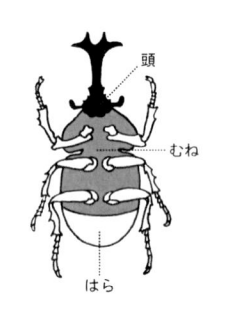

置き換えるとほぼ同じ位置であることがわかります。腎臓が背中側にあります。これもヒトと同じです。このように臓器の種類だけでなく、位置関係もヒトとサカナは似ていることがわかります。中学校 2 分野上「動物の分類」で使える内容かもしれません。

2. グラフの利用
（小学校 4 年「生きものを調べよう」中学校 2 分野上「植物のからだのつくりとはたらき」）

　実験観察を行って、そのデータを分析することは、体験したものを認識する上で欠かせないものです。データの分析方法は、実験観察の後に考えるだけでなく、実験観察を行う前の実験計画のときに考えておかなければなりません。また、実験観察は、おおまかに要因間の関係を把握する定性実験を行った後、細かに要因間の関係を把握する定量実験を行うことが多いものです。定量実験の分析には、グラフが用いられます。グラフをどう作成するか。次の問で考えて下さい。

【問題 2】
　水中に沈んだオオカナダモに懐中電灯を照射したところ、泡が出てきた。懐中電灯とオオカナダモの距離が 5cm の場合、10 分間に泡が 60 個出てきた。この距離を 10cm, 15cm, 20cm と変えたらどうなるだろうか。

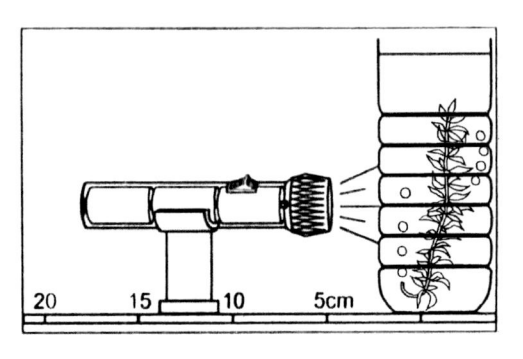

　光合成によって酸素ができることを確かめるために、このような実験が中学校で行われています[1]。これは、炭酸水素ナトリウムを水に溶かして、その中にオオカナダモを入れて光を照射するというものです。光を照射すると気泡が出てきます。この気泡には酸素が含ま

れています。気泡に酸素が含まれていることを確かめるために、気泡を集めて、線香の火を近づける実験が行われています。定性実験です。この発展として、この**問題2**に示したような定量実験を行うことができます。一般に、光合成は光の強さに関係していることが知られています。ですから、光の強さが強くなれば、光合成の速度が上がるはずです。これを定量的に示すために考えられたのがこの実験です。

さて、この実験の結果はどうなるでしょうか。そして、グラフに示したらどのようになると思いますか。その根拠はどのようなものでしょうか。

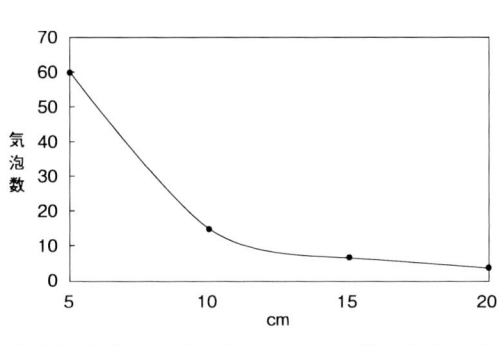

【答え】

光が強くなると光合成速度は速くなるわけですから、懐中電灯とオオカナダモの距離が離れれば、離れるほど、オオカナダモから出る気泡数は少なくなります。ですから、グラフは負の傾きになることは容易に予想できます。しかし、結果（データの点、プロット）を見ると、直線的に負の傾き（$y = -ax + b$）になっていないことがわかります。これは、懐中電灯の光の特性が関係しています。懐中電灯の光は円錐状に広がります。円の面積は、πr^2です。rは、radius（半径）です。距離が2倍になると円の面積は4倍になります。ということは単位面積あたりの光量（光の強さ）は、4分の1となります。従って、理想的な結果は、距離の2乗に反比例したものになりますので、このような曲線となります。

小学校4年「生きものを調べよう」では、ニガウリやヘチマを育てて、成長の様子をグラフに

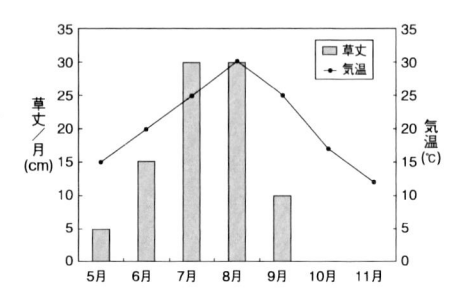

表すことを行っています。教科書では、横軸に日付、縦軸に草丈のグラフが示されていることがあります。横軸を月ごとの成長に変えて、気温を重ね合わせると、図のようになり、気温が高いときに成長していることがよくわかるグラフになります。実物を観察して体験したことが的確に認識されるようになるのです。

3. 実験計画をたてる
（小学校6年「からだのつくりとはたらき」中学校2分野上「生命を維持するはたらき」）

　調べる問題が決まったら、実験計画を立てなければなりません。平成18年度に国立教育政策研究所が行った調査では、子ども達は、条件を考えて実験計画を立てる問題の正答率は低いものでした。考えて体験するためには、実験計画をたてなければなりません。次の問いを解いて実験計画のたてかたを考えてみて下さい。

【問題3】

　壊血病の原因を探るためにジェームズ・リンド（James Lind）が考えた実験はどのようなものであったか。実験計画をたててみよう。

「壊血病とは、名前の通り、歯ぐきや関節から出血して、腫（は）れと痛みをともなう病気だ。脱力感や倦怠感も出てくる。出血がつづくと、貧血をおこすようになる。ひどい場合は歯がぬけおち、高熱がでてやがて死にいたる怖い病気である。

　壊血病の原因は、長い間分からなかった。1497年に喜望峰を回る航海をしたバスコ・ダ・ガマは、壊血病で100人を失った。1520年に南米のホーン岬を回ったフェルディナンド・マゼランの船乗りも壊血病に倒れた。壊血病にかかるのは、船乗りや都市の住民だった。もしくは、長い間戦争を続けている兵士だった。

壊血病の原因とされたのは、腐ったバター、銅の鍋、ラム酒、砂糖、タバコ、湿気、冷気、海上の空気、遺伝、モラルの低さ、果物欠乏、感染、運動不足、春の訪れ、などだった。

1716年生まれの船医だったジェームズ・リンドは、船乗り特有の病気である壊血病を防ぎたいと考えた。その頃の壊血病の標準的な治療薬は硫酸だったが、これが壊血病に効果があったことはなかった。この他の治療法としては、ハーブ療法、柑橘類の摂取があった。リンドは、壊血病を治療する方法をきちんと探したいと思った。壊血病を治療することができなければ、船医として船に乗り込む意味はない、とリンドは考えたのである。」

【答え】

「船員を6つのグループに分けて、それぞれに、リンゴ酒、硫酸、酢、海水、樽の水、オレンジを与えて様子を見た。」

実験は、条件を変えて観察するということが基本です。リンドは、効果があると思われるオレンジだけではなく効果がないと思われる硫酸も使いました。比較したのです。この答えを示した後に、「リンドの実験で、対照群はどれでしょう」と問いかけてみて下さい。実験の基本は、実験対象を対照群と実験群に分けることです。リンドの実験では、樽の水が対照群（コントロール）に相当します。子ども達に実験計画をたてさせたときに、対照群が設定されていないことがあります。条件を揃えることと対照群を設定することに留意させましょう。リンドの話の続きは以下のようなものです。

> リンドは、この結果を多くの人に知らせて、壊血病の治療に役立ててもらいたいと願い「壊血病論　The treaties of The Scurvy」という本を出版した。しかし、読まれることはなく、その後も多くの人が壊血病に苦しめられたのである。
>
> 英仏の7年戦争（1756-1763）では、イギリス海軍の10万人が壊血病で死んだとされている。1854-56年のクリミア戦争でも、ナイチンゲールは、イギリス陸軍は、戦争の傷よりも壊血病のため死んだ兵士が多いことを指摘している。1800年代アメリカでも壊血病が多発した。ゴールドラッシュ

だ。人々は、小麦粉、ビスケット、塩漬け豚肉、牛肉をもって、金を求めて掘り続けた。その結果、壊血病で1万人が死んだとされている。

　壊血病を治療するビタミンCが発見されたのは、1928年のことである。発見したのはアルバート・セント・ジェルジであり、後にノーベル賞を受賞した。ビタミンCが壊血病の原因だとわからなかった理由の1つは、ヒト、モルモット、魚、甲虫以外の生物は、ビタミンCを合成できることにあった。動物実験を行っても簡単には、突き止められなかったのだ。ビタミンCは、別名「アスコルビン酸」というが、これは、ギリシャ語で、「壊血病なし」を意味している。

　このように、物語を用いて、実験計画を立てさせることも子ども達の体験を有意義なものにすることに効果があります。この他には、「ミイラになったブタ」[4]も小学校6年「生き物のくらしと自然かんきょう」、中学校2分野下「生物の生活とつながり」で使うことができます。その他の物語については、下記のURLをご覧下さい。

http://mailsrv.nara-edu.ac.jp/~morimoto/com.htm

4. シミュレーション
（小学校5年「人のたんじょう」中学校2分野下「生物のふえ方」）

　生命の特徴の1つに生命の連続性があります。この内容は、小学校5年「人のたんじょう」中学校2分野下「生物のふえ方」で扱いますが、いずれも子ども達にとって理解が困難な内容となっています。2001年に科学技術政策研究所が成人3000人を対象に行った科学技術に関する調査に下記のような問があります。解いてみて下さい。一部変えています。

【問題4】

　下記の内容は、正しいか、間違っているか。正しい場合はその理由、間違っている場合も理由を答えよう。

　「赤ちゃんが男の子になるか女の子になるかを決めるのは父親の遺伝子である。」

調査結果は、正答率25%と大変低いものでした。誤答が44%、わからないと答えた人が31%いました。生命の連続性では、受精と遺伝を扱います。遺伝は、難しいと感じている人がとても多いと思います。大学生に理解が困難だった授業を調査したところ、遺伝の学習は上位にあがっています[5]。この原因は、遺伝現象を具体的に示す実験が少ないことにあると思われます。遺伝現象を、短い期間で示すには、大腸菌が適していますが、実体がとらえにくいことと、学校での実験には余り適していません。キイロショウジョウバエの実験が古くから提唱されていますが、処女雌を確保するのが大変ですし、飼育も学校では大変ですので、広まらなかったようです。

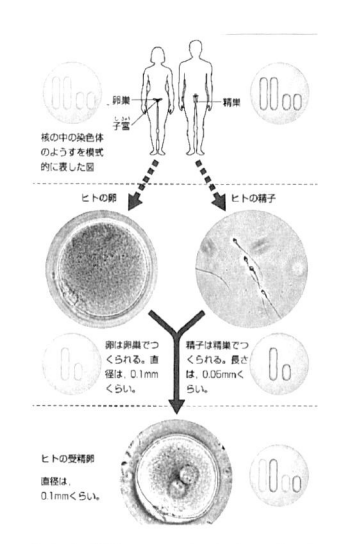

　そのため、遺伝に関する学習は、資料をもとに進められることが多いようです。小学校5年「人のたんじょう」も資料の学習がほとんどです。小学校5年「植物の実や種子のでき方」も、生命の連続性に関連した内容で、実験観察を伴いますが、植物であることと実験観察期間が長いため、子ども達は、実感することが難しいようです。

　減数分裂の現象もわかりにくいとされています。親の2本の染色体が、精子や卵をつくられるときに半分の1本になることを理解することが難しいようです。

【答え】

　正しい。母親の性染色体はXXであり、卵の性染色体は、Xのみである。父親の性染色体はXYであり、精子の性染色体は、XとYの2種類ができる。卵のXと精子のXが受精すれば女の子となり、卵のXと精子のYが受精すれば男の子となる。

　この内容を理解させるには、シミュレーションが効果的です[6]。ヒトの染

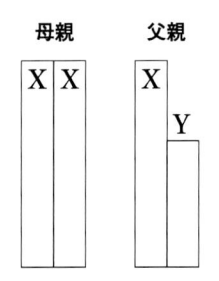

色体は23対46本であり、1対2本の性染色体と22対44本の常染色体から構成されています。この内容のみを扱うのであれば、1対2本の性染色体のモデルを用意すればよいのです。図に示しているような母親と父親の性染色体モデルを作製します。これを切り取り、染色体が見えるように山折りして裏を糊で貼り付けます。母親の性染色体は両面がXとなり、父親の性染色体は片面がX、片面がYとなります。

これを使って、受精のシミュレーションを行うことができます。これらの性染色体を1mくらいの高さから落とします。母親の性染色体は、どちらの面が上をむいてもXですが、父親の性染色体は、Xが上を向くか、Yが上を向くかは50％の確率です。そして、上を向いた性染色体同士を合体させると、受精のシミュレーションとなります。XとXであれば女の子、XとYであれば男の子となります。これを何度か繰り返すと、次第に減数分裂と受精の認識が深まることが期待できます。

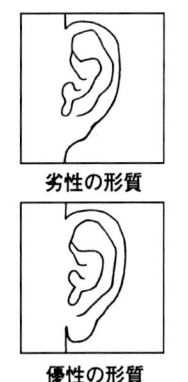

常染色体のシミュレーションをするのであれば、右にしめしたような耳の形質を用いることもできます。上の形の耳が劣性で、下の形の耳が優性です。常染色体のシミュレーションの場合は、上のX染色体のような形の染色体をつくり、劣性の場合は、小文字のみ染色体をつくります。耳の形質の場合は、eeとしましょう。優性の場合は、優性のホモであるEEかヘテロのEeとします。それを母親と父親に見立てて、同じように1mくらいの高さから落とし、上を向いた方を卵と精子に伝えられた染色体として、受精をして、子どもの2本の染色体構成とするのです。その結果、染色体構成がEEかEeであれば優性の形質を示し、染色体構成がeeであれば劣性の形質を示すということになります。

5．学習指導案

○ 本時の目標
校内に生息している鳥を、鳴き声や姿から特定することができ、校内の環境について考えることができる。

○ 本時の展開

学　習　活　動	指　導　上　の　留　意　点
1．本時の課題を知る。 「学校内には、どんな鳥がいるだろうか。」	○教科書2分野上p.17の「校庭の植物観察」を参考にさせる。
2．予想をする。 ・カラス、ハト、スズメ	○班内で話し合わせて、記憶を想起させる。
3．「Microsoftエンカルタ総合大百科2006」やインターネットを用いて、鳥の鳴き声や姿を調べる。 ・ハシブトガラス「カアーカアー」都会に多い ・ハシボソガラス「ガアガア」農耕地に多い ・キジバト「デデッポウ」市街地から低山 ・ヒヨドリ「ヒーヨヒーヨ」常緑樹、市街地に多い ・シジュウカラ「ツツピーツツピー」市街地 ・ウグイス「ホーホケキョ」	○まず、画像なしで鳴き声だけを聞かせてから次に画像を見せる。
4．学校内の鳥を探す。 ・2人で鳴き声か姿を確認する ・場所と環境（日当たり、樹木名など）を記録する	○2人以上で行動させ、相互確認させる。確認した場所を記録させる。
5．調べたものをもちより、鳥のマップを作成し、学校の環境を考える。 ・予想したより鳥の種類が多い ・自然環境が恵まれているかもしれない	○用意した白地図に確認した鳥の名前を記入させる。 ○予想と比較させる。

━━━━━━━━━━━━━━━━━━ 考えてみよう ━━━━━━━━━━━━━━━━━━

課題1　スケッチの活動をしているときに、机間指導をしたら、ほとんど描いていない子がいました。なんとアドバイスしたらよいでしょうか。

課題2　子供に細胞分裂の様子をグラフで描かせる場合、どんなアドバイスを行ったらよいでしょうか。

課題3　ジョセフ・リスターは、消毒法を開発したことで知られています。彼のどんな考え方を子どもに紹介したらいいか考えましょう。
参考 URL　http://mailsrv.nara-edu.ac.jp/~morimoto/com129.htm

課題4　「Microsoftエンカルタ総合大百科2006」やインターネットには、蝉の鳴き声も収録されています。蝉の鳴き声を利用した学習活動を考えましょう。

〈引用・参考文献〉
1）戸田盛和ら「中学校理科2分野上」p.19,39 大日本図書, 2005
2）戸田盛和ら「たのしい理科3年」p.26, 大日本図書, 2005
3）国立教育政策研究所ホームページ
　http://www.nier.go.jp/kaihatsu/tokutei_rika/index.htm
4）スーザン・E・クインライン著、藤田千枝訳「ミイラになったブタ」pp.49-56, さえら書房, 1998
5）森本弘一「心に残る理科授業の傾向」『学校教育研究』第5巻, pp.1-17, 1994
6）Thomas Atkins et.al., "Dropping Your Genes, A genetic simulation in meiosis, fertilization & reproduction" The American Biology Teacher (53) 3, pp.164-169, 1991
7）石川文也ら『生物』pp.55-56, 講談社, 1982

第 4 部
理科授業の構成法と評価

第 12 章

授業をどう構成するか

授業は、目標、内容、活動、評価が
一体となっているものなのです。
そのような授業づくりのための指導案は
どう立案するとよいのでしょうか。
わかりやすく示してみました。

1. 授業とは

　授業とは何でしょうか。授業の準備、設計、実施、評価、反省、改善のすべてにおいて、授業とは何かを考えておく必要があります。授業とは何かということは、一言で表すならば、教科の目的・目標を具現化する場だということです。そして、教科の目的・目標とは何かといえば、その教科で子どもに育てたい力を示したものです。したがって、授業とはその教科で育てたい力を具現化する場と言えます。

　小学校45分、中学校50分を基本とする授業ですが、授業の始まりのチャイムを授業の入り口とし、授業の終わりのチャイムを授業の出口とするならば、入り口の学習者の姿と出口の学習者の姿が同じであれば、その授業は成立したとは言えません。なぜなら、それでは学習者が変わったとはいえないからです。育つということは変わるということです。できなかったことができるようになるとか、わからなかったことがわかるようになる等のように、変わるということが育つということです。その育ちのことを変容と言います。学習者の変容のない授業は授業ではありません。教科で育てたい力を育てる場が授業と言えます。

　また、理科の授業は1単位時間だけで成り立つものではなく、何時間かの授業のまとまりでなされるものです。この何時間かの授業のまとまりを単元と言います。単元としての時間数は全国一律ではなく、教師の考え方で異なるものです。また、授業をどう構成するかということは単元全体の構成をどう構成するかということと、単元内の個々の授業をどう構成するかの両方を意味します。そして、それはお互いに密接な関係にあります。

2. 授業構成の意味的4要素

　授業の構成を考える時、**図1**に示す授業構成の意味的4要素[1]の検討が必要不可欠となります。

```
           目標（学習者の変容）
                 △
                ╱│╲
               ╱ │ ╲
              ╱  │  ╲
          内容───┼───活動
              ╲  │  ╱
               ╲ │ ╱
                ╲│╱
                評価
```

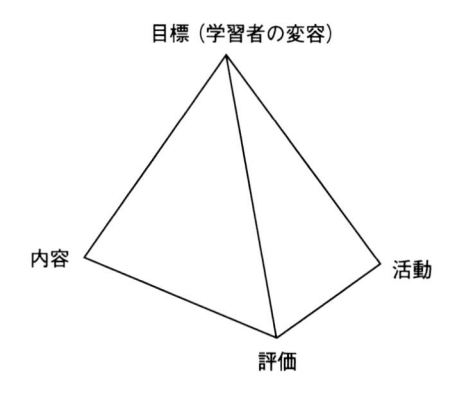

図1　授業構成の意味的4要素

　意味的4要素の第一の要素は「目標」です。授業はこれまでも述べてきているように、子どもの変容をめざして意図的・計画的に行う学習指導の活動です。その学習指導の活動がどの方向に進んでいけばいいのかというその活動のめざす方向や到達点を示す目標が必要になります。その目標の中身は学習者の変容としての育てたい力となります。

　しかし、めざす育てたい力が目標として示されても、それだけではその力を育てることはできません。例えば、理科として大事な生命に対する心を育てるという目標が示されても、それだけでは生命に対する心を育てることはできません。

　第二の要素は「内容」です。目標に近づき目標を達成するための内容として何を取り上げるのが有効なのか、内容のない活動では目標を達成することはできません。例えば、生命に対する心の育ちを目標とするときに、内容として何を取り上げると有効なのか、生命体として植物がいいのか、動物がいいのか、植物だと何がいいのか、動物だと何がいいのかなどなど、取り上げる内容によって目標達成が左右されます。このように、目標達成に有効な内容は何かの検討が重要となります。

　しかし、目標と内容が決まっても、目標を達成することはできません。実際の活動としてどのような活動をすれば育てたい力が育つのかという「活動」

が第三の要素です。活動の仕方も目標達成を大きく左右します。例えば、上記の例の目標と内容としてある動物を取り上げたとしても、その動物に働きかける活動として、直接五官を働かせて触れ合う活動の有無、世話し育てる活動の有無、あるいは、映像で視聴するだけの活動なのかなど、活動の仕方次第で子どもに育つものが異なることは容易に理解できることです。同じ目標、同じ内容であっても、活動の仕方次第で子どもの育ちは大きく左右されます。

　四つ目の要素が「評価」です。評価は次章で取り上げられるので、ここでは簡述します。目標として取り上げた子どもの変容の姿が満たされているかどうかの育ち具合を判断することが評価であり、したがって、評価は目標と裏表の関係にあると言えます。子どもの学力評価、教師の指導（教授）が有効であったのかどうかの教師評価、学習と指導が一体化していたかどうかの授業評価、さらにカリキュラム評価などが必要になります。それぞれの評価の評価規準と評価基準、評価方法などが、授業づくりの段階で十分に検討される必要があります。

　以上のように、図1に示す4要素が授業づくりには必要不可欠であると言えます。そして、これら4要素を具体的な姿で示すものが教材となります。教材は決して学習内容だけを現すものではなく、同じ内容でも用意する教材が異なれば活動も変わってきます。活動が異なれば育つ力も異なってきます。また、教材への子どもの働きかける様子で子どもの育ちの姿も評価できます。このように、教材は授業構成の意味的4要素の全てと対応します。したがって、より望ましい教材の開発には意味的4要素をしっかり考える必要があります。

　このとき、文部科学省から示されている学習指導要領と学習指導要録は授業構成の意味的4要素と対応します。各教科・領域の「目標」と「内容」を示しているのが学習指導要領です。「評価」を示しているのが学習指導要録です。そして、残る1つの要素である「活動」については、わが国では各教師の創意工夫の熱意にまかされていますが、その代表的な活動例を示しているのが教科書です。

3. 授業の設計と指導案

　授業づくりは上述の授業構成の意味的4要素に対応すると言えます。その授業づくりの設計図と言えるものが指導案です。指導案というのは授業づくりの仮の考えであり、授業仮説とも言えます。

　指導案としては、厳密に言えば、以下のような項目を必要とします。これらについて要約しますが、紙数の関係で①の単元名と②の学年組、児童数、授業場所については省略します。なお、単元名は固定的に決められているものではなく、教師が自由につけることができるものですが、理科教育観や授業観を反映するとも言われます。

① 　単元名
② 　学年組、児童数、授業場所
③ 　単元について（単元設定の理由）
④ 　単元目標（全体目標と観点別目標）
⑤ 　評価計画（評価規準と評価基準と評価方法）
⑥ 　指導計画（総時数と次と時数）
⑦ 　単元の構造（単元展開の構造）
⑧ 　本時案（目標、展開、評価）

3.1 単元について（単元設定の理由）

　指導案で最も重要な部分が単元設定の理由です。これは「単元について」や「単元設定の理由」という見出しであったりします。ここでは授業づくりの柱としての以下の3観点を述べます。その3観点の考え方次第で授業設計としての素材の教材化や発問や単元の構造や各時の展開の仕方などが異なり、授業は知識詰め込み型になったり、思考力育成型になったり、体験重視型になったりなど、授業の機能が異なってきます。

　それらの観点は、

① 本単元の出口となる単元終了時点の子どもの変容を示す「目標観」
② 本単元の入り口にいる子どもの実態を示す「児童・生徒観」
③ 単元の入り口から出口までをつなぐ「指導（教材）観」

の3点です。

❶目標観

　授業構成の意味的4要素の目標に対応するものですが、授業とは子どもの変容を具現化する活動であることを考えれば、まず、本単元で取り上げる子どもの変容は何かをはっきりさせる必要があります。そのためには学習指導要領を参考にします。前述のように、学習指導要領には目標と内容が示されています。そこに示されている理科の教科目標とともに、学年目標（小学校理科）、分野別目標（中学校理科）、及び関連する学習内容を十分に理解する必要があります。それらに基づいて、本単元で育てたい科学的な見方・考え方や概念形成などを述べます。

　なお、目標は到達目標といえる知識・理解や技能・表現と、方向目標といえる関心・意欲・態度や思考・判断の4観点で観点別に考えられますが、観点別の具体的な目標はここで述べるのではなく、後述する「単元目標」の項目のところに詳述します。

❷児童・生徒観

　本単元の出口での子どもの変容を示す目標観に対して、児童・生徒観は本単元の入り口にいる子どもの実態を教師がどのように把握しているかを述べます。単元入り口の子どもの実態は現在の育ちの姿と言えます。この現在の育ちをさらに単元終了時の未来の育ちの姿に高めるのが本単元になるわけですから、現在の子どもの身についている力を把握して、そこを出発点として授業づくりを考えることは必要不可欠です。目標観は学習指導要領を参考にして検討するものですが、児童・生徒観として述べる子どもの実態は目の前の子ども一人ひとりの育ちの実態を正確に把握する必要があります。

　子どもの実態をとらえる観点は目標観で述べる観点と同じ観点を原則とします。特に、理科でめざす子ども自ら課題を設定し、仮説を立て、実験計画

を考え、実際に観察・実験し、必要な結果を記録し、考察・吟味して、結論を自ら導き出すという科学的な問題解決を成立させるためには、その問題解決の成立に役に立つ子どもが既に身につけている見方・考え方や知識や技能や情意を活用することが必要不可欠となります。この問題解決の成立に役に立つ既有の見方・考え方や知識や技能や情意のことを先行経験と言います。したがって、子どもの実態として、本単元での学習を進めていくうえで必要かつ有効な先行経験としての見方・考え方や知識や技能や情意や、どのような誤概念をもっているのかなどの子どもの先行経験を記述します。

❸指導観

　単元の入り口（子どもの実態）と単元の出口（子どもの変容）を確実につないで、単元出口での子どもの学力の育ちを保証する教師の指導が求められます。指導観として、単元入り口の子どもの実態と出口の変容の姿から考えて、本単元の学習展開として、より望ましい学習活動を想定し、その学習展開の要点とそれに関連する留意点などの要点について述べます。

　指導観は教師の理科教育観が最も強く現れるところであり、どのような授業になるかを左右するものです。また、学習指導要領に示されるわが国の理科の目標にある問題解決の能力を育てるためには、子ども自身が問題解決の過程を体験することが必要不可欠となります。その学習展開に最も大きな影響を与えるのが教材です。素材として何を選び、それをいかに教材化するかが単元展開の最も重要な柱になります。この素材の教材化は、授業構成の意味的4要素で説明したように、意味的4要素の総てを具体的な教材という物の姿で示すことになります。指導観として、その素材の教材化についての考え方を述べることも重要となります。

3.2　単元目標

　「単元設定の理由」のところで目標観は述べることになりますが、ここでは、①単元の全体目標と②観点別に4観点で具体的な目標内容を詳述します。そのためには前述の目標観の項目で説明したように、学習指導要領に示され

ている理科の目標、学年目標（小学校理科）、分野別目標（中学校理科）、及び学習内容を参考にします。

　小学校理科では第1区分と第2区分の2区分で、中学校理科では第1分野と第2分野の2分野で示されている学習内容を基に、具体的な目標を決めます。以前はその学習内容をそのまま単元目標として書いている場合もありました。しかし、絶対評価になってからは目標準拠評価として、次項で述べる評価計画との関係で、学習指導要領の学習内容をそのまま単元目標とするのではなく、それらを「関心・意欲・態度」「思考・判断」「技能・表現」「知識・理解」の4観点に再構成して、観点別目標として示すことが求められます。そして、それらが評価規準にもなります。

3.3　評価計画

　絶対評価の評価規準と評価基準は授業実施前の設定を必要とします。そのために、指導案に評価規準と評価基準を示すことが求められます。上述のように観点別目標が評価規準となります。その観点別の個々の目標（評価規準）に基づいて、十分達成（A）、おおむね達成（B）、努力が必要（C）の3段階の量的基準となる評価基準を、それぞれの目標に対して決めます。それらを評価規準・基準表として表形式で示すのが一般的です。そして、子どもの変容がB基準以上であれば目標を通過したと判断されますが、C基準だと目標を通過したとは判断されず、改善のための新たな指導を行う必要があります。

　評価計画として、評価規準と評価基準の表に加えて、それらの評価を行う方法と単元展開上の評価実施時期も示すのが最近の傾向です。

3.4　指導計画

　事項に述べる単元の構造とは異なって、この単元の全体計画を簡潔に示します。単元はいくつかの学習活動のまとまりの集合体と言えます。いくつかの学習活動の一まとまりを「次」と呼びます。「次」がいくつか集まって単元となります。指導計画として、本単元にはいくつの「次」があり、それらの

「次」の展開順序はどのようになっているのか、その「次」のタイトルとその「次」に予定される時間数を、「次」の展開順序で箇条書き風に書き示し、単元展開の全体像を示します。

3.5 単元の構造（単元展開の構造）

ここでは本単元の学習の流れの大まかな展開を示します。その展開の示し方の基本は、「教師の発言・行動」と「教材」と「子どもの発言・行動」の3枠の表形式で示したりします。例えば、ある単元が第1次から第3次までの3次10時間構成だとすると、第1次から第3次までの具体的な学習活動の展開として、10時間分の大まかな授業展開を示すものです。

3.6 本時案

本時案としては、①本時目標、②本時の評価計画、③本時の展開案の3項目を必要とします。本時目標は単元目標で述べた観点別目標に対応させて、本時1時間の授業での変容として具体的に述べることが求められます。その本時目標で示す観点に基づいて、本時での子どもの育ちの評価計画として、何を、いつ、いかに読み取るか、そして、育ち具合の判断基準として少なくともB基準とC基準を示し、C基準を通過できなかった子どもに対する評価と指導の一体化となる学習の改善策を検討しておくことが重要となります。

前記の「単元の構造」で示す大まかな展開に対して、本時の展開案ではできるだけ細かく具体的な指導と学習の予想される姿を、例えば、単元の構造で示すのと同じ「教師の発言・行動」と「教材」と「子どもの発言・行動」の3枠の表形式で示します。本時の構成も本時の入り口の子どもの実態の把握、出口での育ちの姿、入り口と出口をつなぐ素材の教材化など、「単元設定の理由」で述べた3観点と対応し、それらをより具体的に設計することになります。

4. 授業構成のポイント

　以上述べてきたように、ただ単に知識を詰め込むような授業ではなく、自主的・主体的な問題解決能力を育てる授業のポイントを紙数の範囲内で以下に述べていきます。

4.1 問題解決を体験すること

　いつの時代においても理科は体験重視が唱えられますが、ただ単に自然のなかで活動するだけの体験では「這い回る活動」で終わる可能性があります。這い回るだけでは遊びと同じになり、子どもの問題解決能力の育ちを保障することはできません。問題解決とは人間の思考を研究する心理学の専門用語で、人間の最上位の思考である創造的思考を意味します。問題解決能力を育てる体験として大事にしたいことは、子ども自身が問題解決の主人公として、問題解決という未知を知にする創造的思考を体験することが必要不可欠です。

　そのためには、教師自身が未知を知にする問題解決のプロセスを説明できるとともに、そのプロセスを授業の場として具体化する力が必要不可欠です。

　未知を知にする問題解決のプロセスは、教材との出会いから未知を発見し、その未知を追究することを課題として設定し、未知を知にする仮説（予想）を立て、その仮説に基づいて実験計画を考え、その計画で実際に観察・実験し、未知を知にするために必要なデータを記録し、そのデータから未知がどこまで知になるかを考察・吟味して、結論を導き出すとともに、新たな未知を発見し、それを新たな追究課題として新たな問題解決に取り組むという問題解決の連鎖のプロセスになります。このプロセスを子どもが理科の学習活動として体験することが重要となります。

4.2 未知の発見は「物にしゃべらせる」

　この問題解決の体験においてどの段階も重要となりますが、最も重要なのが問題解決の第一歩となる未知の発見からの課題づくりです。未知とは既有

の知識や考え方では説明できないことです。簡単に言えば「おや、なぜ、不思議だ」という状況ですが、それを教師が発問としてしゃべって与えるのではなく、物（教材）にしゃべらせることが、子ども自ら未知を発見する力の高まりには欠かせません。課題設定力の高まりは未知発見力の高まりに対応します。すでにわかっていることはいまさら追求課題にはなり得ません。未知だからこそ追究する学習課題になりえます。「おや、なぜ、不思議」を物にしゃべらせる素材の教材化が重要となります。

4.3　先行経験の把握

　物に未知をしゃべらせるということは、教材を提示したとき、子どもの既有の見方・考え方や知識や技能では、ある程度は説明できるが説明できないことが目の前で起こる教材であることが求められます。いわゆる半知半未知状態を作ることです。そのためには、すでに述べた子どもの先行経験を把握する必要があります。その先行経験では説明できない状況を教材として用意することが物に未知をしゃべらせるということになります。

4.4　自分の問題解決を確かめる実験計画

　理科でなぜ実験が重視されるのでしょうか。授業への実験の位置づけは3タイプあります。1つは単元目標にある知識をわかりやすく教えるための実験ですが、それでは形を変えた知識注入の実験になります。2つ目は子どもの関心や興味を高めるための実験です。このとき検討が必要なのが面白おかしさの実験だけでは問題解決の能力を高めることにつながらないということです。3つ目の位置づけは問題解決能力を高めるための実験です。これは問題解決のために立てた仮説がどこまで有効であるかを確かめる実験を計画して実験して確かめるというものです。この問題解決能力を高める実験の位置づけが重要となります。

4.5 問題解決体験用のワークシート

　問題解決能力を高めるためには、今行っている問題解決の体験が有効な望ましい問題解決になっているかを自己診断し、有効である取り組みは維持し、有効でない取り組みは修正・改善できるようになることが求められます。自己診断力の高まりと自己改善力の高まりです。そのためには、自分の問題解決の取り組みを振り返り、自己診断しやすいワークシートが必要となります。何時間かの時間の流れの中で行われる問題解決を、時間の流れに左右されないで問題解決の第一歩から最後までを一枚のワークシート上で見直し、自らの問題解決の取り組みの有効性や改善すべき取り組みをチェックしやすいワークシートが重要となります。

考えてみよう

課題1　授業構成の意味的4要素と授業構成の関係を考えてみよう。

課題2　なぜ指導案を書くことが重要なのかその意義を考えるとともに、指導案として必要な項目と、なぜそれらの項目を必要とするのかそのわけを考えてみよう。

課題3　問題解決能力を高める授業づくりについて考えてみよう。

〈引用・参考文献〉

1) 松本勝信編著『理科教育法』三晃書房, 1992
2) 松本勝信編著『生活科教育の実践的理論とカリキュラム・授業』現代教育社, 2002
3) 文部科学省「小学校学習指導要領」及び「中学校学習指導要領」2008
4) 松本勝信編著(『理科・問題解決の力を育てる指導』教育開発情報センター, 1989
5) 日本理科教育学会編『理科教育学講座第2巻 発達と科学概念の形成』東洋館出版社, 1992
6) 森一夫・武村重和・佐島群巳編著『新学力と学習』三晃書房, 1995
7) 中学校理科教育実践講座刊行会『中学校理科教育実践講座スキーレ第14巻　授業研究の方法』ニチブン, 1995
8) 理科教育研究会編『未来を展望する理科教育』東洋館出版社, 2006

第 13 章

学習評価をどうするか

たかがテスト
されどテスト…。

評価は子どもの心に
大きく影響します。
どんな評価の仕方やスタイルが
あるでしょうか。
評価のいろいろについて
検討してみましょう。

1. 評価の心理的影響と教育的機能

　はじめに評価の心理的影響について、そして、それゆえに期待される教育的機能について、検討することにします[1]。新しい理科の学習評価をどうするか、という議論に入る前提として、押さえておきたいことの1つです。

　評価は大きく自己評価と他者評価に分類されます。自分について自分自ら行う評価が自己評価、教師や友達、家族などの他者が行う評価が他者評価です。ここでは、とくに後者の他者評価に焦点を当てて検討します。

　他者評価には次のような心理学的影響が確認されています。

・自信や自己概念、自己知覚への影響
　　　　　　　　　　　　⟶ 叱責や悪い評価が劣等感を導く、など。
・意欲やモチベーションへの影響　⟶ よい評価がやる気にさせる、など。
・要求水準や到達目標の自己設定への影響
　　　　　　　　　　　　⟶ 評価によって要求の水準が変動する、など。
・情緒の安定性や不安の水準への影響
　　　　　　　　　　　　⟶ 良い評価は精神的な安定をもたらす、など。
・評価者と被評価者間の信頼関係への影響
　　　　　⟶ 悪い評価をした教師は、一時的にせよ、その子どもに嫌われる、など。

　加えて、とりわけ教師が行う評価には、次のようなコミュニケーション機能のあることが指摘されています。

・学習者に学習の達成の程度を伝える。
・学習者のある種の行動を力づけたり、その出現を制御したりする。
　　　　　　　　　　　　　　　　　　　……選択的制御
・学習者のあることに対する意欲を喚起したり強めたりする。
　　　　　　　　　　　　　　　　　　　……意欲の方向づけ
・学習者の行為や学習成果などに対する教師の快／不快や満足／不満足の感情を伝達する。

　さらに、教師をはじめとする他者による評価は、それがよい（プラスの）評価の場合と悪い（マイナスの）評価の場合とでは、個人の欲求の満たされ方や新たなあるいはさらなる欲求の喚起に及ぼすところが大分違ってくるこ

とも、ほぼ定説となっています（**図1**参照）。

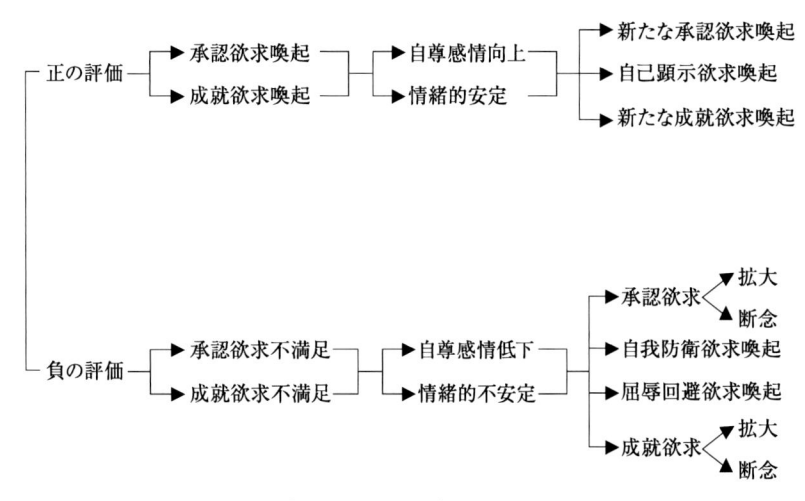

```
┌─正の評価─┬─▶承認欲求喚起─┐  ┌─▶自尊感情向上─┐  ┌─▶新たな承認欲求喚起
│          └─▶成就欲求喚起─┴─▶└─▶情緒的安定───┴─▶├─▶自己顕示欲求喚起
│                                                  └─▶新たな成就欲求喚起
│                                                     ┌─▶拡大
│                                                 ┌─▶承認欲求─┤
│                                                 │           └─▶断念
└─負の評価─┬─▶承認欲求不満足─┐┌─▶自尊感情低下─┐├─▶自我防衛欲求喚起
           └─▶成就欲求不満足─┴▶└─▶情緒的不安定─┴├─▶屈辱回避欲求喚起
                                                 │           ┌─▶拡大
                                                 └─▶成就欲求─┤
                                                             └─▶断念
```

図1　個人の要求との関係から見た外的評価の心理的効果（梶田（1992）より改変）

　こうしたことを知ると、教師や学校は、これほど子ども達の学習への影響力の強い評価を授業実践に上手に活用しない手はないという発想に至ります。これまで認識されてきた学習結果のフィードバックという機能のみならず、たとえば一人ひとりの子どもの当該学習への動機づけや意欲の喚起、自信や自己効力感の形成といった点でも、これからの教師や学校は評価のもつ教育的機能を積極的に活用したいものです。

2. 児童・生徒の学習動機と効果的な指導と評価

　ホフスタインとケンパ（1985）は理科学習に臨む中学生の主要な学習動機として成績、好奇心、義務感、社会性を挙げるとともに、そうした学習動機が支配的な学習者をそれぞれ成績指向の子（achievers）、興味・関心の強い子（curious）、真面目な子（conscientious）、社会的関係に動機づけられた子（socially motivated）と分類しています。そして、どのような学習動機が支

配的かによってその子どもに適した評価の仕方やスタイルが異なることを指摘しています[2]。

表1　学習動機による学習評価形態の好みの違い

学習評価の形態	成績	興味・関心	真面目	社会的
教師による客観的競争的評価 (Objective-competitive by teacher)	＋			(－)
教師による個人的／個別的な評価 (Personal/individual by teacher)			＋	
生徒間の相互評価 (Peer-group evaluation)	－			＋
評価の回数 (Frequency of evaluation) 　　——度々 (often) 　　——稀 (rare)	＋	＋	＋	

Preferred modes of learning by students having different motivational patterns
(Hofstein, A. and Kempa, R.F. (1985) より抜粋、改変)

たとえば、「よい成績を取りたい」と強く思っている成績指向の子ども達は、教師による客観的競争的（objective-competitive）な評価を容易に受け入れ、また好みもしますが、この種の評価は、社会的関係を大切にしクラスメイトや学習グループの人たちと「仲良く過ごしたい」と強く思っている社会的関係に動機づけられた子ども達には好まれません。一方、社会的関係に動機づけられた子ども達は、児童・生徒間の相互評価（peer-group evaluation）を好み、その効果も期待されますが、成績指向の子ども達にはこの種の評価は嫌われるとされます。また、「仕方がないから」「そうしないといけないから」という、半ば消極的な理由から理科学習に参加している真面目型の子ども達は、教師による個人的／個別的（personal／individual）な評価を好み、効果的と考えられますが、この種の評価を好むのはそうした学習動機が支配的な子ども達に限定され、その効果も他の学習動機が支配的な子ども達にはあまり期待できないと考えられています。

ところで、そうした理科の学習評価ですが、その頻度という視点からすると、成績指向の子ども達や真面目型の子ども達は度々（often）であることを好むのに対し、好奇心旺盛で「なぜ」「どうして」といった疑問を連発するような興味・関心の強い子ども達は、むしろ、稀（rare）に評価されるといったことを好むとされています。

　ちなみに、こうした学習動機の多様性は、理科学習の進め方や授業形態の好みや効果についても興味深い知見をもたらしています。たとえば、成績指向の子ども達については、学習の場に競争的な要素を導入することで学習の効果が上がると考えられます。対して、興味・関心の強い子ども達は、自主的、自発的でオープンエンドな問題解決型の学習を好み、またそうした学習形態が効果的と考えられます。また、真面目型の子ども達は、目標がはっきりと示された明確な指導を好みます。そうした指導が真面目型の子ども達には最も効果的と考えられています。一方、社会的関係に動機づけられた子ども達は、協力、協調、共同といった要素の全面に出た学習のスタイルや展開を好むので、そうした学習が最も効果的と考えられます。

　このように、理科学習に臨む児童・生徒達の学習動機はかなり多様であるという認識が多くの理科教師に共有されつつあります。すなわち子ども達に好まれかつ効果的な理科の学習指導の在り方や学習評価の在り方は、一概には決まらないのです。一方で、評価は一連の指導の流れの中に埋め込まれてなされるということが、今日の日本の学校では大分定着してきました。たとえ授業の形態や学習の進め方がどのようなものであっても、そこではその時々の指導のねらいや目的に的確に対応した規準と基準に則った妥当な評価が計画され実施されることがほとんどとなりました。教師には、これまでにもまして柔軟で思慮深い、学習評価についての判断が求められようになってきました。

3. 対象に応じた手法の選定

　理科の学習評価をどうするか、という議論における第3の論点は、どのような評価手法を用いるか、という問題です。表2は評価対象（評価する事柄）別に妥当な評価手法を整理したものです[3]。ここでは、理科の学習指導においてこれまで比較的多く用いられてきた評価手法（評価用具）についての系統的な把握を試みます[4][5]。

表2　評価対象（評価する事柄）と各種評価手法の相性

評価対象（評価する事柄）	妥当する主な評価手法（評価用具）
知識	各種客観テスト
理解	論文体テスト、 客観テスト（特に多肢選択法、完成法）、 観察法、面接法、問題場面テスト
機器操作や薬品の取扱い等の技能	観察法、評定法、客観テスト
情報収集、伝達、討議などの社会的コミュニケーション技能	観察法、評定法、逸話記録
他者にわかりやすく伝える表現力	評定尺度、チェックリスト、 一対比較法
自己評価力	論文体テスト、質問紙法、面接法
思考・創造力	論文体テスト、問題場面テスト、 観察法、評定法、面接法
興味、関心、意欲、態度・習慣	観察法、面接法、逸話記録、評定法、 質問紙法、問題場面テスト

橋本（1976）、〈上〉p.146より抜粋、改変

　なお、ここでの「評価対象（評価する事柄）」は、「目標準拠の絶対評価」というフレーズが定着した今日では、むしろ指導の目標、あるいは、そこから転じて導かれる評価の観点といったものとほぼ同義と捉えると解り易いのかも知れません。

　さて、まずは知識の評価についてですが、これには各種の客観テストが多く用いられてきました。客観テストは再認（recognition）形式と再生

（recall）形式に大別されます。さらに、再認形式は真偽法、多肢選択法、組み合わせ法に分類され、再生形式は、単純再生法と完成法に分類されます。再認形式の真偽法は最も単純な評価法で、問題作成が比較的容易な反面、偶然正答する確率が高いというデメリットが指摘されます。高度の理解度の評価には一般に不向きとされています。同じく多肢選択法は複数の回答選択肢を相互に比較して、適切なものを弁別することを求める評価法です。真偽法に比べると高度な判断力、推理力の評価が可能とされています。因みに、組み合わせ法は多肢選択法を複合させた形式の評価法です。一方、再生形式の単純再生法は、正答するには当該知識を確実に記憶していることが求められる評価法です。明白な記憶や知識の評価に向くとされています。完成法は単純再生法を複合させた形式の評価法で、設問文章全体の文脈関係を判断して回答することが求められます。比較的高度な理解力や関係を判断する力などの評価に向いているとされています。

　次に、理解の評価についてですが、ここでも客観テスト（特に多肢選択法と完成法）が多く用いられてきました。他に、論文体テスト、観察法、面接法、問題場面テストも適する手法として少なからず用いられています。

　技能に関しては、概して観察法、評定法が適すると考えられ、多く用いられてきましたが、特に実験機器の操作や薬品の取扱いといった技能の評価では、客観テストも用いられてきました。他方、情報収集、伝達、討議などの社会的なコミュニケーションに関する技能の評価には逸話記録も有効とされています。

　ところで、最近の理科の学習指導では、観察や実験の結果や気づいたこと、それについての自分の考えなどを他者にわかりやすく伝えるといった表現力の育成が重視されるようになりました。この種の能力の評価には評定尺度、チェックリスト、一対比較法が適すると考えられます。また、メタ認知の一種である自己評価力についても、近年、自己教育力の重要な構成要素として多く注目されるようになりました。この評価には論文体テスト、質問紙法、面接法が適すると考えられています。

最後に、理科の学習指導では極めて重要とされる科学的な思考力や創造力といった事柄の評価には論文体テスト、問題場面テスト、観察法、評定法、面接法が、そして、興味、関心、意欲、態度・習慣といった、いわゆる情意面の事柄の評価には観察法、面接法、逸話記録、評定法、質問紙法、問題場面テストが、それぞれ、適すると考えられ多く用いられています。

4. オーセンティックアセスメントの潮流[6]

次に、海外、とりわけ米国の近年の学習評価論の動向に眼を転じます。

1980年代後半の米国教育界では、1983年に出された学力向上を強調したレポート「危機に立つ国家（Nation at Risk）」を契機に、各学区、学校での教育成果を点検しようとする気運が高まりました。説明責任（accountability）についての要請もあり、州政府によるトップダウンの標準テスト（standardized testing）が多用されていました。一方、そうした動きに対して当然のことながら疑問や批判も生じました。標準テストで学校の教育成果が評価できるのか？　子どもたちの本当の学力を評価できるのか？　標準テストは学校の中でしか通用しない特殊な能力を評価しているに過ぎないのではないか？　生きて働く力の形成の保証にはつながらないのではないか？　といったものでした。そして、そうした「標準テスト」批判を背景に登場したのがオーセンティックアセスメント（authentic assessment）という評価論なのでした。ここで、記憶に留めておきたいのは、この評価論が教育改革の駆動力として登場したものであったという点です。教育改革には評価の改善が不可欠。評価の改善によって教育改革を成し遂げる。オーセンティックアセスメントには、そのような考え方が強く現れています。

さて、「オーセンティック（authentic）」ということの意味について、少し検討しておきましょう。オーセンティックとは、大人達が日々まさに生きて暮らしている家庭や仕事場等の市民生活の文脈を指し示しています。オーセンティックアセスメントにおける出題では実社会、実生活、リアルな課題、

といったことが強調されます。これは標準テストに多くみられる作為的な設問や、その儀式化された実施方法への批判が背景にあってのことといえます。つまり、オーセンティックな課題への取り組みによってこそ、子ども達のなかに生きて働く学力が形成されるとともに、そうした学力の様相が評価できるということなのです。オーセンティックアセスメントにおける評価課題は子ども達の生活文脈（context）に即したリアルさをもつ必要があるとされます。反面，オーセンティックアセスメントのオーセンティックさは、評価課題の困難さをもたらします。実生活に直結した問題（"authentic"な問題）は、子ども達にとって身近である反面、それを解くために総合的な深い理解力が要求されることになります。教師や学校は、このことに十分自覚的であることが肝要とされています。

　ところで日本語の「評価」に相当する「アセスメント（assessment）」という言葉は、1990年代中頃より一気に使われるようになりました。それ以前の1980年代中頃は「エバリュエーション（evaluation）」がよく使われていました。この背景には、教育課題をオーセンティックなものに転換させようとする教育評価論の動向が影響していたと考えられています。因みに「エバリュエーション」は1930年代にTyler,R.Wが提唱した概念で、それまで支配的だった「メジャーメント（measurement）」の概念を乗り越えて教育上の改善点を指摘し、カリキュラムをより効果的なものへと改善しようとするものでした。そういった点、すなわち教育活動の改善のために行うという点で、アセスメントはエバリュエーションと同様の歴史的立場にあるといえます。アセスメントは、エバリュエーションがもっていた積極的な契機を継承しつつ「オーセンティック」と結合し、教育評価の新たなステージを意味するものとして使われるようになった言葉なのです。

　このような歴史的潮流によって生じたアセスメントにはいくつかの特徴が挙げられます。その1つは「参加と共同」です。その評価活動に関係する人たち（stakeholder）は皆、評価行為に参入する権利を有するとされています。教師と子ども達とで一緒に評価の基準を創り上げる、とりわけ評価される側

の子ども達の参加をも認めるという発想がとても新鮮に思えます。これはそれまでの評価論にはほとんどみられなかった特徴といえます。2つ目は、「表現（performance）」の重視です。オーセンティックな課題に挑むことで、子ども達に学習成果を多様に「表現」させようとするものです。そして3つ目は「自己評価」の重視です。これは、オーセンティックな課題に取り組む学びのプロセスでは、自己調整、メタ認知、といった、それまではあまり意識されてこなかった能力がむしろきわめて重要という考えによるものです。

5. 米国NSTAの新しい評価[7]

続いては、最近の米国のNSTA（National Science Teachers Association）が提案している新しい評価（Alternative Assessment）についてふれておきましょう。これからの日本の理科の学習評価をどうするべきなのか。その答えを捜す際に少なからず参考になるのではないかと思われます。

NSTAは、新しい理科学習指導論（構成主義的理科学習論）のもと、新しい評価の開発の手順と称して①目的の設定、②評価形式（手法）の選定、③課題の文章化・手直し、④実施手順の明確化、⑤ルーブリック作成、⑥予備調査、⑦結果の分析、のプロセスを提案しています。ここで①目的の設定では、1つの課題で評価しようとする知識や技能を明確にすること、1つの課題にあまりたくさんのことを盛り込まないことが重要とされています。②評価形式（手法）の選定では、その評価の目的、つまりその評価によって何を調べようとしているのか、得点化はどうするか、等々が入念に検討されます。また、⑤ルーブリック（評価基準）の作成では、ルーブリックがその評価の目的に合致したものになるよう気をつけなければならないとされています。明瞭、完結で偏りのないものであることも求められています。そして、作成されたルーブリックは、できる限り学習前に子ども達に知らせておく方がよいとされます。これは、評価自体に教育的な意義を見いだそうとする近年の教育評価論の流れを反映した考え方で、そうすることにより、その学習の意

図（目的）や到達点（目標）が学習している子ども達に伝わるから、というのが主な理由と考えられます。

ちなみに、こうしたNSTAの提唱する新しい評価では、個々の子どもの個性や個人差に配慮するということが謳われています。個に応じた指導、そして、個に応じた評価。そこには従来の指導と評価が、たとえそれらがどれほど一体化されたものであったとしても、所詮は集団を指導し評価するものであり、個々の子どもに応じたものではなかったという反省を読みとることができます。個に応じた多様な指導と個に応じた多様な評価がいずれも十分に機能し、十分に連携し合ったとき、日本の教育界でも提唱されて久しい指導と評価の一体化ということが真に実を結ぶと考えられるのです。

6. 学習評価をどうするか

本章で展開した議論を整理してみましょう。

第1節では、理科学習をはじめとする学校生活や日常生活における子ども達の発達や成長に、評価が少なからず影響を及ぼすことが示されました。

第2節では、子ども達の理科学習に関する動機は多様で、望ましい指導も評価も多様であることが示されました。

第3節では、妥当な評価手法は評価対象によって決まることが示されました。

第4節では、オーセンティックアセスメントにふれ、それが標準学力検査とは目的も性格も異なるものであることが示されました。

そして第5節では、米国NSTAの提案する新しい評価の紹介を通して、指導と評価の一体化について検討してきました。

これからの理科の学習評価では、こうしたことへの配慮や考慮が当然のこととして求められるようになると考えられます。

━━━━━━━━━━━━━━━━ 考えてみよう ━━━━━━━━━━━━━━━━

課題1 本文中では詳しく触れられませんでしたが、NSTAの新しい評価ではパフォーマンス評価が中心となっています。このことと近年のオーセンティックアセスメントの潮流とは、いったいどのような関係にあるのでしょうか。考えてみましょう。

課題2 新学習指導要領の実施に併せて指導要録も改善されるはずですが、そこではどのような評価の観点が打ち立てられてくるのでしょうか。自分なりに予想してみましょう。そして、その予想を携えながら、指導要録が果たしてどのように改善されるのか、注目していきましょう。

〈引用・参考文献〉

1）梶田叡一「評価の心理的影響」『教育評価』（第7章）, pp.205-216, 有斐閣, 1992
2）Hofstein, A. and Kempa, R.F. ：Motivating strategies in science: attempt at an analysis, European Journal of Science Education, 7: pp.221-229, 1985
3）橋本重治『新・教育評価法総説』（上）pp.131-147,（上）pp.155-211, 金子書房, 1976
4）理科教育研究会：変わる理科教育の基礎と展望, pp.156-169, 東洋館出版社, 2002
5）八野正男［編著］『教育評価』共同出版, 1983
6）田中耕治「オーセンティックアセスメントとはどのような評価方法か」日本理科教育学会（編）『理科の教育』50(12), pp.4-7, 東洋館出版社, 2001
7）Doran,R. 他（古屋光一　監訳）『理科の先生のための新しい評価方法入門 高次の学力を育てるパフォーマンス課題、その実例集』北大路書房, 2007

執筆者紹介
(2009年3月現在)

《理科教育研究会》

＊編集担当

熊野 善介	くまのよしすけ	静岡大学教育学部教授	第1章
鶴岡 義彦	つるおかよしひこ	千葉大学教育学部教授	第2章
尾崎 浩巳＊	おざきこうじ	岐阜大学教育学部教授	第3章
松森 靖夫	まつもりやすお	山梨大学教育人間科学部教授	第4章
下野 洋	しものひろし	星槎大学共生科学部教授	第5章
加藤 圭司	かとうけいじ	横浜国立大学教育人間科学部准教授	第6章
石井 恭子	いしいきょうこ	福井大学大学院教育学研究科准教授	第7章
平賀 伸夫	ひらがのぶお	三重大学教育学部准教授	第8章
小林 辰至	こばやしたつし	上越教育大学大学院教授	第9章
柿原 聖治	かきはらせいじ	岡山大学教育学部准教授	第10章
森本 弘一	もりもとこういち	奈良教育大学教授	第11章
松本 勝信	まつもとかつのぶ	大阪教育大学教授	第12章
平田 昭雄	ひらたあきお	東京学芸大学講師	第13章

新学習指導要領に応える理科教育

2009年3月6日　初版第1刷発行
2023年2月27日　初版第10刷発行

著者	理科教育研究会
装幀	佐野 久美子
DTP	佐々木 淳子
発行者	錦織 圭之介
発行所	株式会社 東洋館出版社

〒101-0054 東京都千代田区神田錦町2丁目9番地1号
　　　　　　　　　　　　コンフォール安田ビル2階
代　表　電話 03-6778-4343 FAX 03-5281-8091
営業部　電話 03-6778-7278 FAX 03-5281-8092
振替 00180-7-96823
URL https://www.toyokan.co.jp

印刷・製本 藤原印刷株式会社

ISBN 978-4-491-02446-2
Printed in Japan